我25歲，有30間房收租

羅右宸用零頭款買房，
靠租金年收百萬

募資買房達人 **羅右宸** 著

U0020788

我的募資概念圖，

step 2
撰寫企畫書
- 把獲利模式視覺化的 6 個關鍵
  1. 案名
  2. 提案人
  3. 預估報酬率
  4. 詳細介紹
  5. 財務計畫
  6. 目標

step 1
尋找合適物件
- 確認 6 個問題，找出五大需求
- 3 個指標，找出超值地段
- 問題越多的房子，越值得考慮

step 3
揪人一起投資
- 把想法告訴身邊所有人
- 不能來者不拒，一個案子以三個金主為上限
- 讓利，就能大量複製

零頭款也能買房

step 4
改造整理，賦予房屋更高價值

- **屋況好，簡單整理後直接脫手**
  以市價 7 到 8 折之間入手。

- **屋況差，全部翻修後脫手賣出**
  買入後重新裝潢，以市價行情 7 折以下操作最為恰當。

- **舊透天、公寓、華廈改套房收租**
  改變格局要花的成本相對比較多，以市價的 6 折到 6.5 折入手。

step 5
收租或轉手賣出，選擇你的獲利模式

- **資本利得類型**
  賣價－購屋成本＝獲利，買入直接轉手賺價差。

- **現金流類型**
  屬於長期收租性投資，每個月都有源源不絕的租金收入。

- **資本利得＋現金流**
  這是最保守、風險最低的投資方法。每個月用租金還貸款，擺兩三年後再賣出，通常以中短期投資為目標。

目錄 contents

第 一 章

媽媽與奶奶啟蒙，
讓我從小就愛上看房

目錄 contents

推薦序一
前輩的心法加上實戰經驗，成就卓越

房地產投資大師　**王派宏**

首先，要恭喜右宸順利出書。

記得右宸第一次來到我中壢的教室時，還是一個元智大學的大學生，第一次見到他，就讓我有一種感覺，這個小男生會不斷不斷的一直變強，就跟當初的我一樣。

我的學員經常舉辦很多聚會，當時，右宸經常出席中壢的聚會，並因此認識許多前輩，都是暢銷書作者，也是房地產專家，例如：月風（李杰）、林茂盛、陳俊成等，他們會在聚會上分享自己的案例、經驗，或是一些房市的趨勢。

在聚會中，我發現右宸跟其他人很不一樣的特點，就是他經常請教這些房地產前輩，實際投資上可能遇到的問題。我發現這個狀況後，發現他對房地產真的很有興趣，因此多次鼓勵他，應該親自試試看。就像我不斷鼓勵學員：「學習雖然能獲得知識，對未來更有想法及規畫，但是唯有真正去執行，才有可能不斷變強。」

後來，他開始實踐前輩教他的操作方法：先看超過 100 間

房、看到喜歡的物件，先請銀行估價，三間綠房子換一間紅房子等。我在他身上看到很強的執行力，以及對房地產的熱情，以右宸目前的成績，他目前絕對在我的學員中成就排名前十名。

我想他與其他人最大的差別就是，他不只做了別人給他的建議，而且還加倍的做，在書中，右宸先看過 300 間房子，再把我教的方法融會貫通，轉換成屬於自己的獨特操作方法，再加上累積的實戰經驗，他目前擁有 30 間房的成績，真的讓我為之驚艷。

我接觸房地產超過 10 年，每年講座超過 200 場，看過許多像右宸這樣年輕、對未來充滿抱負、卻不知如何開始的年輕人，現在，我希望透過這個故事，能讓這些人了解，即使沒有頭期款，一樣能投資房地產，讓房子為你賺到第一桶金，追求你的理想人生。

誠摯希望大家因為這本書，找到自己的財富自由，並與更多人分享，一起成長、學習。

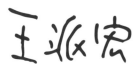

（本文作者鑽研理財已十餘年，26 歲進入房地產操作，並開始講述房地產相關課程至今，短短幾年間學生人數累積超過 5,000 人，致力於充實內在財商的各種角度、速度和強度，並讓內在能量永久地影響身邊的人。）

推薦序二

從兩千元佣金到百萬收入的包租新貴

不動產名師、智庫雲端有限公司負責人　**范世華**

　　光看本書的書名，或許會覺得很不可思議，但不用懷疑，這絕對不是神話。作者羅右宸 22 歲時，就已經是擁有 22 間房收租的「包租新貴」了，現在，他更坐擁 30 間套房，市值高達 4,000 萬元。

　　看到右宸的例子，我回想自己白手起家，買到人生第一間房時，已經 26 歲了。光是起步時間，就已經晚他四年，更遑論當前 22K 起薪，以及今非昔比的高價房市。我相信，任誰都想知道，他是怎麼不靠爸做出今天的成績。

　　買房投資賺大錢，相信是不少人的夢想，但許多人縱使想學、想做，卻怎麼都做不到，主要還是因為缺乏「第一桶金」。因為關於房地產的致富觀念、相關知識及專業技術，可以從許多書本和課程中學到，右宸本身也是看過許多房地產相關書籍，加上不斷上課進修，專業自然不在話下，但是多半的專家或老師，都是在「什麼都有了」之後才來教，對於大多數「什麼都沒有」的人來說，即使學了再多的專業知識與能力，還是無法踏出第一步。

右宸在這本書中完整地將他「無中生有」之道，以及「化不可能為可能」的具體作法，分享給大家。內容當中，讀者可以從他真實的例子，了解如何募資、找房、找人脈……，輕鬆學到其中的眉角，一步步實踐。

從他與房仲之間的交陪，將房仲業的生態講得淋漓盡致，不禁讓人看了心有戚戚焉，懂門道的業內人士看了右宸的敘述，就知道他是多麼深入在做案源開發和經營物件銷售。透過右宸的經驗，讀者就能了解房仲與客戶的角色關係，免去許多彼此的磨合時間，學到和房仲打交道的正確途徑。

借力使力、解決難題、創造價值……右宸把所有的功夫都練到家了，但是他仍一直保持謙遜態度，才能獲得許多貴人相助。絕大多數的人都想要做大事、賺大錢，其中不乏具備許多條件的能人，而令他們始終未能成就的通病，往往都是「眼高」，若還懂得加減做，「手低」也就罷了，但如果認為，房地產就該有大利潤才願意投入，對於相對較少的獲利，連手都不抬、不去執行，完全沒有行動力，又怎會有機會成功呢？

在與右宸認識後，得知他在身體狀況上先天比別人差，學生時代還因此曾危及過生命，影響了他對於人生的目標非常明確，凡事面對、不逃避，一有想法、找到方向就立即行動的積極態度。

他不論是在擔任房仲租賃專員，或是實際從事投資時，都比別人更加用心和認真。別看他第一筆佣金只有少少的二千多元，又或是第一筆的投資，也只是一點點獲利，但正因為他凡事從小

處做起，如此用心經營事業，才有本事可以躍升百倍的業績，以及持續不斷的收益。在我看來，今日的右宸能夠成功晉升「羅董」，他的行動力才是決勝關鍵。

　　（本文作者為房地產講師，智庫雲端有限公司負責人，兼具有銀行徵審、鑑價及房仲業務實戰與人才訓練的豐厚資歷，發表過數本不動產的暢銷著作之後，已晉升為出版發行人，並持續發行「房產財庫」及「財經智庫」等系列作品。）

推薦序三
能力決定獲利，
端看你願不願意投資自己

「銅板起家」的房地產鬼才　**方耀慶**（Davis）

我在二十幾歲時，多半時間都在想要去哪裡泡妞、哪裡好玩，根本不知道人生是起點還是中繼點，念書那檔事，對我而言更是只要能畢業就好。即便我念完了建築系，好像也沒有太多的理想和抱負，考張建築師執照應該是最好的打算了，了不起開業接案過生活，或是當個建築人，每天在理想抱負與繪製藍圖中度過。

人生好多意外，很多事情並非我們能力所及，但孰不知能力決定人生的獲利，而能力這件事情，是可以學習的。比方說，沒有人打從娘胎出來就會修理水電，或是拿筆寫文字，而這些能力無非都是被訓練出來的。

小羅（右宸）是我去台北參加蔡志雄律師的演講，在會後的餐會中認識的，他在餐會中閒談他的包租理論，讓我大感驚訝，一個二十幾歲的小男生，做的居然是我 30 歲才想通的事。簡單說，他比我早了將近快十年。

「天呀！這小孩未免也太有前途了吧。」當下我又聽說他即

將出書，我的下巴更差點掉下來。心想：「這小子應該有超乎正常年齡人的能力跟意志。」後來細問才明白，他做這些事，都是因為想要有個「自由的人生」，並以此為人生目標。

在自由的人生中，首先必須努力一段時間，我稱為觀念改變，很多傳統觀念沒改變，終究還是淪為金錢的奴隸，甚至影響下一代而不斷輪迴，尤其是教育這件事。12 年義務教育再加上大學四年，人生黃金時期多半都在受教育，但多數人還是淪為少數人的「工具」，這種觀念很難改變，因為大多數人都是如此。

觀念改變之後就是行為改變，我的拙作《勇敢、用桿：房地產快樂賺錢術銅板起家、房市煉金實錄》一書中，就是我行為改變的案例分享，而小羅更是把他的案例，分享給所有與他一樣渴望買房的年輕人，以及希望能找回人生自由的讀者。綜觀其中方法，完完全全可以複製，且絕對可行，不過這也要家人有相同觀念才行，如果你的家人也像右宸的媽媽一樣，一開始堅決反對，請耐心證明給他們看。

如果本書作者在二十幾歲都能做到，並且擁有財務自由，相信你一定也能找回自主人生。而第一步，就從改變觀念開始，當行為改變，你自然懂得把時間分配給自己，把事做對並不斷累積成功經驗，提升自身價值。

　　（本文作者為國立高雄大學法律暨管理碩士、創意設計暨建築碩士。曾任京研國際有限公司設計總監、清華大學——自強基金會講師。目前投資過的物件，超過 30 件以上，擅長房屋新建改建、規畫設計、工程管理與創新之全方位房地產達人，素有「房產奇子」之稱。）

作者序

先投資再自住，
年輕買房不是夢

　　這本書是我從就讀元智大學二年級開始到現在，參與了上百場講座、結交五百多位仲介朋友，看了二千多間房子，從無到有的過程。書中完整記錄我如何從零頭款賺到第一間房，再透過租金賺得的利潤，複製出 30 間房。也寫出我因為貪心而賠錢的慘痛教訓，希望有心投資的人，能少走一些冤枉路。

　　家人和朋友知道我的出版計畫後，非常擔心出書後，我會遭受他人的質疑或謾罵，因為在現今社會中，只要跟房地產沾上邊，就會被貼上投資客、炒房的標籤，被人用有色眼光看待。但實際上，我目前的工作與炒房真的無關。

　　剛接觸房地產時，我從事過租賃業務，在負責為租客找合適物件的過程中，遇過許多租屋糾紛，因此，我認為這個社會，應該可以建立更友善的租屋環境。

　　另一方面，我本身的興趣就是看房，至今看過的物件已超過 2,000 間，每當我看到屋況破舊不堪、根本沒人想買的房子時，就非常興奮，因為我的腦中會自然浮現，這間房子該怎麼重新改造，又該如何賦予它更高的價值。基於這兩個理由，我決定開始投資房地產，而且越做越有心得，當我親手將一間舊屋打造成新

房，看到房客住得舒適、滿意，這些都讓我充滿了成就感。

本書主要分成三大部分：第一部分，是我 20 歲買下第一間房，從無到有的過程，清楚描述實際案例與執行方法，讓想和我一樣從無到有的首購族，可以更容易了解和執行。

第二部分，我將看房、募資、買房、裝潢、出租、出售的整段流程要點，列出 SOP，有系統地介紹如何透過募資，買到自己的房子，並分享如何找金主、管理租屋，打造自己的團隊。透過這個買房 SOP，清楚呈現我零頭款募資的精髓，而且人人都可以複製。

第三部分是人脈的養成，身邊有許多朋友曾對我說，很羨慕我這麼年輕，就獲得許多貴人幫忙，實際上，追求夢想本就是越早開始越有利，而我累積的人脈，正是投資成功的重大關鍵，因此，我想與大家分享培養人脈的做法。

剛接觸房地產時，我看了上百本投資理財的書，參加無數講座、分享會，還厚著臉皮到處請教前輩各種問題，甚至為此去租賃公司上班，只為更了解房地產的特性。我認為只要願意花時間或金錢投資自己，積極學習和成長，獲得的回報一定遠大於金錢上的報酬，我確信，大膽投資自己的人，一定會成功。

我也想透過自己的例子，告訴那些夢想買房的年輕人，不要被這個社會上的輿論迷惑，甚至打擊自己的信心，因為買房子真的沒有想像中那麼困難。像我這樣的八年級生，經過一番努力後，都能從零達到這樣的結果，我相信任何人只要有心，就能辦

得到。

　　我給所有年輕人的建議是：先買房投資（購買資產），再購屋自住（負債），你一定能很快擁有自己的一間房。

　　最後，我要感謝我的合夥人陳俊祥，因為他的鼓勵，開啟了我寫這本書的念頭，也要謝謝大是文化給我這個機會，讓我的故事可以被更多人看到。

媽媽與奶奶啟蒙，
讓我從小就愛上看房

第一節

買房不靠爸，
但感謝奶奶精準眼光

民國 100 年，我還是元智大學國際企業管理學系大學三年級的學生，那一年，我買下了人生第一間房子，那是一間位於桃園市中壢區興仁路二段，32 坪的三樓公寓，當時我以 250 萬元入手，後來轉手扣掉投資成本，賺了 94 萬元，那一年我 20 歲。

之後短短三年內，我一共看過上千間房子，曾同時擁有 22 間套房，市價約 2,500 萬元。到民國 104 年 4 月為止，我擁有 30 間套房，市價約 4,000 萬元，接觸過的房屋仲介已超過 500 位，買賣紀錄超過 20 次。而這個結果，是學生時代的我完全無法想像的。

你一定以為，我這麼年輕就買房賺錢，一定是「靠爸族」，其實我與多數年輕人一樣，家境小康、從小乖乖聽媽媽的話，按部就班念完大學，直到大學時生了一場大病，在鬼門關前走了一回，徹底改變了我原本規畫的人生方向。

說起買房經驗，得從我那位有高明眼光的奶奶談起。奶奶原本住桃園新屋，和爺爺以種田維生，為了讓小孩有更好的未來，受良好教育，民國 68 年，當時的薪水普遍都還在 1 萬元出頭，奶奶居然花了 600 萬元，在台北市買下大陸工程所建，40 坪、

屋齡七年的中古華廈，成功入住現在豪宅林立的大安區。

這間房子前後陽台都有採光，一層兩戶並附有電梯，算一算單坪也要 15 萬元。為了買房子，奶奶將之前辛苦耕作賺來的積蓄，全部拿出來，剩下不足的金額，則四處跟親友標會。

投資入門

標會：即互助會，在法律上稱為合會，是民間一種小額信用貸款的型態，具有賺取利息與籌措資金的功能。起會人稱為會首或會頭，其餘參加的人則為會員或會腳。

會首：標會的發起人稱「會首」，或稱「會頭」。會首也可由參與標會的人共同推舉產生，只能是一人。

標會首期籌款歸會首所有，同時會首有義務召集每期聚會、收取會錢並交付給該期得款的會員。如有成員違約未按時繳納會錢，會首須先行墊付，再向該會員追討。

會腳：除會首外其他參與標會的人。

死會與活會：已經得標（獲得某期籌集的全部會款）的會腳即為「死會」，尚未得標者即為「活會」。

倒會：指某會員得標後不再繳交會款。

奶奶說，當年的房貸利率高達 12%，與現在只有 2% 上下差很多。而這棟房子，日後也成為奶奶相當引以為傲的事蹟。

「從決定買房子開始，我每天翻報紙，一頁一頁找，不想錯

失任何一個機會，才找到這個好地點。當時，這裡全都是農田，是個鳥不拉屎的地方，也沒有現在熱鬧的東區商圈，以及豪宅林立的信義計畫區、一〇一大樓，旁邊只有國父紀念館而已。」多虧了奶奶的眼光，現在這間房子的價格與當年相比，早已翻漲了好幾倍。

在民國六〇年代資訊不透明、交通也不發達，房屋仲介普及度並不高，買賣房屋常要挨家挨戶地拜訪、詢問，或是翻開每天的報紙，探聽哪裡有房子要賣，否則就得透過電線桿上的紅單，看哪戶人家的房子願意割愛釋出，與現在相比，買房的確大不易。

從 600 萬到 3,600 萬元，地點是關鍵

當時，有電梯的華廈在台北已經算是高級住宅了，那時還沒有豪宅這類型產品，大部分還是以公寓（無電梯，通常為四到五層）居多。那時一碗陽春麵才 10 元，一輛排氣量 2000C.C. 的福特汽車，也只要 60 萬元，對比當時的物價，奶奶投資的 600 萬元真是非常可觀。

奶奶買的那間電梯華廈，在 45 年後的今天，據附近仲介了解，民國 104 年周邊類似的產品，成交市值已達一坪 90 萬元，換算下來，那間電梯華廈現在要 3,600 萬元才買得到，漲幅將近 6 倍。

不過，可不是所有房子買了放著，就一定能創造這麼驚人的獲利，其中的關鍵在於是否「買對地方」。如果奶奶當時在高雄

購買相同類型的產品，現在的漲幅大概落在兩至三倍左右，要是買在更偏遠地區，即使過了 45 年，房價也不見得會漲。

　　由此可知，經過相同的時間，房價的漲幅卻大不相同，這就是奶奶從我小時候一直灌輸我的觀念：雖然買房子是最易保值、獲利的理財方法，但若選錯地點，結果就會差很多。

獲利關鍵

房子最易保值，但地點才是增值的關鍵。

第二節

人家的房子一直漲，
我家卻倒賠 100 萬

因為父母工作的關係，我幼稚園還沒讀完，就跟著媽媽從台北搬到桃園的龍潭。當時搬得很匆忙，加上媽媽懷著妹妹挺著大肚子，希望能盡快安頓下來，她幾乎沒有時間多看，也沒打聽、比較物件，就以 1 萬元（另加 2,000 元管理費）租下一層有四房的大廈。實際上，以我們當時的條件，根本不需要那麼多房間，就這樣，我們在這個「大」房子裡住了一年。

民國 82 年，我上小學後，全家搬到桃園市發展較早的中壢區。那時媽媽決定，把在高雄的外公外婆接上來同住，因此，把在高雄的透天厝賣了，想要在中壢買間新房。沒想到，這一賣居然創下當時最新高價 500 萬元。我外公在民國 68 年用 70 萬元買了那間房子，14 年後賣掉，總共賺了 430 萬元。

光從金額來看好像賺很多，不過，當時新成屋的價格也漲了好幾倍。也就是說，假設原本市值 500 萬元的房子，經過一段時間漲到 1,000 萬元，但賣掉後想買更大的新房時，本來值 1,000 萬元的房子，也可能已經漲到 2,000 萬元了。

尤其，民國 68 年到 82 年這十幾年，因台幣升值、出口經濟成長，股市更從 2,400 點，一路漲到 1 萬 2 千點。而當時的房地

產，也隨著台灣經濟起飛，在資金熱潮帶動下大漲了三倍。

　　於是，民國 83 年，我們家用賣掉高雄房子的現金，買下當時中壢地區建商新蓋好的餘屋，總價約 370 萬元。這間房子位於中壢區的和祥街，是小三房、30 坪、二樓附有電梯的公寓，不過因為沒買停車位，媽媽每天下班回來，都要花很多時間找車位。那時才知道，在市中心沒有車位非常不方便。後來，我們在那裡住了三年左右，因考量我和妹妹長大後，需要獨立的空間，家人決定換更大的房子。

投資入門

預售屋：尚未開始建造，或仍在建造中即可購買的物件。

餘屋：建案完工後，建商手中尚未賣出的房屋。

新成屋：剛興建完成且尚未賣出、預售時剩下的餘戶，屋齡2年且無人居住過。

中古屋：已興建完成、屋齡 5 年以上且有人住過。

夢想很豪華，手中預算差很大

　　民國 86 年，媽媽為了尋找合適的物件，帶著我跟仲介一起到處看房子。其中讓我印象最深刻的，是一間由東方建設剛蓋的新成屋，75 坪、總價 1,600 萬元，在中壢後火車站的龍岡路上，位於八樓有電梯的頂樓景觀戶。旁邊就是健行科技大學，離後火車站車程只要 5 分鐘，生活機能相當不錯。

那間房子很氣派，屋裡有著很大片的落地窗，裝潢得非常豪華，還有寬敞的客廳和房間，及三套獨立衛浴。當時我心想：「要是住在這，不但有自己專屬的廁所，每個人都有自己的獨立空間，可以專心做自己的事，這根本是我夢寐以求的房子！」可是那間豪宅的價錢，與媽媽當時只有 400 萬元的預算差太多了，家裡根本負擔不起。

除了那次的看屋經驗，我印象中還看過一間很特別的房子，地點在中原大學附近的中北新村，剛好在鐵軌旁邊。房子的樓高非常高，但不是透天厝，屋裡的格局非常特別，夾層中還有夾層，每一層幾乎只有一個房間，越往上樓地板面積越少，很像哈利波特裡霍格華茲學校的階梯。由上往下看時，我心想：「這要是掉下去一定會直接上天堂了。」那次看屋，我不斷從一樓衝到四樓頂樓，再從樓上直接衝下來，就像在冒險一樣，看看每間房間裡藏著什麼東西，那是一次非常有趣的經驗。

自從跟媽媽一起看屋後，啟發了我對房屋難以言喻的好感，我不但一點都不排斥去拜訪陌生人的家，還對每間房子都很好奇，而且一到別人家，就開始到處亂走亂逛，並在心裡比較，別人的家有沒有我們家漂亮、舒服。正因如此，從小我的夢想，就是期許自己在未來，一定要靠自己的力量，買間舒服、漂亮的大房子給家人住，一起幸福地生活。

遇到慘淡房市，媽媽賠了 100 萬

後來，媽媽找了一年左右，才買到心目中理想的房子。民國

87 年，她花了 460 萬元，買下在中壢民享街上，位於六樓頂樓的電梯華廈，45 坪、三加一房，搭配一個平面停車位，由於當時的車位流行賣使用權而非所有權，車位坪數都灌在公共設施裡，使用車位的方式，多半是由鄰居產生共識輪流使用。遇到這種物件，購買時要特別注意產權上的問題，通常管委會也會統一規定每年固定的車位，或每年輪抽使用。

看屋時，屋主還住在裡面，為了把房子賣個好價錢，他特地花 50 萬重新裝潢整理過。再加上三面採光，又附帶一個平面車位等諸多優點，我們很快就決定買下這間房子。

至於買屋的資金，媽媽本來想貸款，但由於當時房貸利率約 8% 到 9%，對媽媽來說，每個月連同本金要還這麼多錢，壓力實在太大，於是家人決定用舊房換新房，把另一間房子賣掉來緩一緩。沒想到，當時的房地產市場急轉直下，怎麼賣都賣不掉。

後來，因為買了新房急需用錢，只能把當時用 370 萬元買來位於和祥街的房子，用 270 萬元賣掉。大家都認為，投資房地產的好處就是能穩定增值，然而我們家卻賠了 100 萬。

最後，媽媽拿出現金 200 萬元付新房的錢，其餘不足的部分，則用現屋貸了 260 萬元支付。現在回想起來，如果那時我或媽媽懂得房地產知識，或許就不用賠掉 100 萬元。

如果是現在的我，會建議我媽，先留一筆存款周轉金，並抓好賣房的時間週期，例如，在還沒買到新房時，就已經先委託仲介賣房（通常抓三到六個月），然後建議買房前，至少花三個月

▶圖1-1　以房換房的三種方式

換房方式	做法	優點	缺點
先買後賣	手頭現金較寬裕的情形下，能先買新房，然後才把舊房賣掉。	能慢慢挑選、仔細比較，找尋屬意的房子。	如舊房有貸款，新房的貸款成數會降低，利率升高，需要準備較多現金。
先賣後買	把舊的房子賣掉後，再找新房。	短時間內能多一筆可以運用的現金，再以租代買的方式，就會有比較充裕的時間看房比較。	因為每個月都在繳租金，較容易有時間壓力，想要快點找到房子。此外，若在租屋期間，遇到房市大漲，你賣屋所得的現金就會貶值。
同時進行	一邊賣房子，一邊找尋自己喜歡的物件。	最好的狀況下，就是無縫接軌，時間差剛剛好。如果買賣房子的時間差不多，可以跟新屋主或舊屋主溝通，協調交屋日期。	若新屋主或舊屋主時間上無法配合，可能會面臨舊屋已售、還無法入住新屋的窘境。

以上的時間多看物件，了解附近市場行情後才出手。

當初就是沒了解市場行情就買了新房，以至於市場狀況不好時，資金準備不足，才被迫賠錢賣房。由於這次的經驗，我現在出手前都會提醒自己多做功課，盡可能上網或向房仲打探附近的房價，才決定投資。

獲利關鍵

以房換房的方式不外乎：先買後賣、先賣後買、同時進行，關鍵不在於你手頭資金夠不夠，而是搞懂「周邊行情」。

第二章

20 萬的教訓，
賺得百萬獲利

第一節

一場讀書會，
開啟我的投資路

　　大二時，我在校園內看到一張活動宣傳海報，是由元智大學證券研習社舉辦的讀書會活動，導讀被翻譯成多國語言的暢銷書《富爸爸，窮爸爸》（*Rich Dad, Poor Dad*），在這場活動中，我得到一個非常重要的財務觀念——財富的本質，是創造價值給大家，而企業生存的本質，則是對社會做出貢獻與回饋。

　　實際上，我之前讀過這本書，但自己讀的時候根本無法領會，反覆看了好幾遍，還是懵懵懂懂。後來在那次活動中，因為聽到主持人自身的學習與實踐經驗，讓我的思維好像被一把金鑰匙打開，我不但看懂了書裡的內容，並重新思考投資理財的資訊及觀念。

想致富，不能只是乖乖等領薪水

　　因為這個因緣際會，打開了我對投資理財的好奇心，也對財富的觀念有更多想法，於是我開始大量尋找相關的知識與教材，努力充實自我。當時，我的腦袋好像被重重敲了一下，才驚覺原來這世上，居然有「除了乖乖等領薪水」也能致富的正當方法，這是以前父母及老師都沒告訴過我的事。

　　參加完讀書會後，我立刻實踐《富爸爸，窮爸爸》書裡的建議，鑽研這五大領域的書：

一、房地產。

二、股票、期貨等紙上證券類。

三、業務銷售。

四、創業商學院。

五、黃金、原物料。

　　我像發了瘋似的，開始大量閱讀相關書籍，前後加起來超過上百本，並積極參加有關投資理財的演講課程與活動。我那陣子的改變，連媽媽都大吃一驚，以前她逼我讀書，我根本不聽，現在居然主動看理財與心理相關書籍，讓她感到非常不可思議。

　　從那時起，我養成每周閱讀的習慣，平均一個月看六本書以上，直到畢業。記得那時借來的書，疊起來都比學校教科書還高。此外，還會看一些商業雜誌、周刊。每當看到了新的觀念，我就躍躍欲試，將知識實踐到生活中的過程，真的非常有趣。

　　在我大量涉略各種投資方法時，因緣際會之下，我在圖書館的角落看到王派宏老師寫的《房地產賺錢筆記》，我只花兩個小時就把整本書看完。突然湧上莫名的興奮，覺得房地產的世界如此奇妙、好玩，好想馬上自己買一間房子來試試身手。

　　於是，我把圖書館裡關於房地產投資的書通通借出來，快速閱讀並勤做筆記，記錄每個專家提到的重點與心法。當時，我就像被下了迷魂藥一樣，對房地產知識來者不拒，搜尋非常多相關

情報，期許自己在大學畢業前，就能買下人生的第一間房。

當時的我雖然閱讀很多投資理財方面的書，但要實際採取行動，心裡還是怕怕的，就怕買錯之後會賠錢，也不知道怎麼向家人開口說出我想買房的想法。於是，我上網搜尋所有我聽過的房地產專家，看看他們有沒有開設相關課程，或舉辦分享會，這樣以後有任何問題，我都可以找專家解決。

沒想到，王派宏老師居然有在授課，而且，地點就在中壢市，離我家很近，第一堂課還可以免費試聽。於是，大二時我把過年拿到的壓歲錢總共 9,000 元，全部拿來投資自己，學習整套完整的不動產相關課程。

透過分享會，累積房地產人脈

當時，每周二下午，王派宏老師會舉辦房地產知識分享會，裡面會有同好會分享資訊，和最新的產業動態。就在那時，我認識了現在的創業夥伴，還結識許多房地產前輩，及各行各業的朋友。

記得在我畢業那年，王品集團董事長戴勝益曾語出驚人地說：「年輕人薪水沒有 5 萬元不要存。」言下之意就是，不要待在家，也別因為沒錢就侷限自己，有空就多去接觸社會上那些比你有經驗、有想法、有專業知識的人，慢慢建立屬於自己的人脈，累積起來就會變成人生中重要的資產。

那段時間，因為養成每周和大家聚會的習慣，漸漸影響我的

價值觀和想法，最重要的是，我因此認識人生中的貴人，一位幫助我很多的房地產前輩——小賴。

小賴是自己開租賃仲介公司的老闆，我那時和兩個也想學房地產的同學，一起向小賴毛遂自薦，想在他身邊幫忙並學習，剛好他也缺人，就這樣我開始了人生第一份正式的工作。回想當初，很慶幸自己積極地累積人脈，並厚臉皮向前輩請教，獲取新知，讓我找到人生的方向與目標。

上過課之後，想買房的念頭每天都在我腦中打轉，我知道如果沒有採取任何行動，空有知識是沒辦法達成目標的。那個時候，在中壢市最便宜的房子，一間也要一百多萬元，若再加上仲介費、代書費等相關稅費（編按：契稅、印花稅、房屋稅、地價稅）及雜支，最起碼要準備 30 萬元的頭期款才能買到，如果再把裝潢整理的預算加進去，保守估計至少要 50 萬元。

▶圖2-1　除了買房的錢之外，其他購屋所需基本費用

仲介費	法律規定不可超過總價的 6%，買屋的人是 2%，賣屋的是 4%，可議價。
代書費	過戶代書費＋潤筆簽約費＋實價登錄費＋貸款設定費，約 2 萬元左右。
契稅	訂定買賣契約時繳交，為房屋評定現值的 6%。
稅費	買屋該年度的房屋稅＋地價稅。
雜支	火險、地震險、履約保障專戶費用、印花稅……等。

我看了看我存的幾隻小豬撲滿，和戶頭裡的存款，即使忍痛把小豬全「殺掉」，還得更努力賺錢，才有可能實現夢想。於是，我開始尋找任何能賺錢的工具或機會，並且多方嘗試，如果有臨時打工的機會，例如頂著烈日在路邊發傳單、當補習班的助理等，我也會努力爭取。

後來，我終於忍不住，抱著最後一絲希望，大膽向保守的媽媽開口借錢。不出我所料，媽媽果然拒絕並告誡我：「不要投資風險那麼高的東西，萬一賠了，損失是好幾百萬呢！」沒想到不開口還好，一開口不但被拒絕，還嚴重打擊我的自信心。

雖然連最親的家人都不支持，但我想買房的企圖心仍非常強烈，最後，因為想要快速賺錢，我走錯了路，讓我狠狠賠了 20 萬元。

獲利關鍵

財富的本質，是創造出「價值」賣給大家，而企業生存的本質，則是對社會做出（有價值的）貢獻。

投資入門（相關費用解釋）

過戶代書費： 依照各代書事務所表定收費，行情約落在 9,000 元到 12,000 元。代書費用一般是以移轉土地及房屋各一筆為主，若額外每增加土地一筆、建物一棟，則加計 1,000 元到 1,500 元，新成屋就稱為代辦費或暫收款。

潤筆簽約費： 買賣雙方簽約時代書會收潤筆費，或稱為簽約費 2,000 元（買賣雙方各付 1,000 元）。

實價登錄費： 代為申報實價登錄，一般行情為 2,000 元。

貸款設定費： 請代書代為辦理銀行貸款抵押權設定，費用約為 5,000 元到 6,000 元。

履約保證金： 成交總價的萬分之六，如以 1,000 萬成交，銀行履約保證費用約 6,000 元，通常由買賣雙方各負擔一半，若沒有申請履約保證則免。

房屋評定現值： 是依房屋使用執照記載構造、用途、總層數、面積等項目，再參照縣市不動產評價委員會，評定之各類標準數據，並排除地下室用途為機房、抽水機、未營業之停車場、防空避難室等，及其他可免稅之面積。計算公式為：

> 核定單價（元）×面積（m^2）×（1－折舊率×折舊經歷年數）×地段調整率×分層分攤率

※ 亦可上網申請地政電子謄本（http://210.71.181.102/），即能了解該年的房屋評定現值。

第二節

想貪快賺到頭期款，
賠到差點沒錢吃飯

　　大二時，我為了盡快賺到買房頭期款，有一陣子，我不僅研究如何善用時間打零工賺錢，也想透過其他工具，讓賺錢管道更多元，像是投資股票、期貨，我甚至去玩雅虎的模擬盤演練，加入學校的證券研究社，還下載外匯自動下單的外掛系統，觀察每天的曲線圖，並參加研討會分享大家的操作心得，想盡辦法用最快的速度累積財富。

不用工作，錢就一直流進來？

　　當時，讓我最感興趣的是網路廣告系統自動賺錢，簡稱「網賺」，就是號稱不用工作，錢就會自己滾進來，只要準備一筆本金，錢就會自己賺錢。這是我在一場房地產聚會中，一位朋友介紹的，每天只要花 15 分鐘點廣告，就可增加收入，大約一年多回本，如果再拉其他人加入，還有一筆額外獎金可以拿。

　　為了熟悉實際的操作方法，我還特地去台北聽說明會，抵達現場時有點震驚，人數多到位子都不夠坐，只能站著聽，而且還有很多東南亞地區的朋友。台上的講師不斷強調這種方法有多好賺，並舉幾個成功的例子，他還說最早在台灣投入這種賺錢方式

的人，經過半年的時間，月收入就超過 30 萬元了，台上甚至有一個見證者，年紀跟我差不多大而已。

我心想：「怎麼可能那麼好賺？這之中一定有風險。」還特地上網找相關資訊，把資料列印下來後，與推薦我參加的朋友仔細討論。畢竟，這是我人生第一筆投資，而且這些錢是我從小到大一點一點存下來的，絕對要謹慎。

對於一個大學生來說，幾萬元的投資門檻已經非常高了。我考慮了一周，決定先投資 1 萬元試試看，後來覺得賺的速度太慢了，這點利潤連每天的飯錢都不夠，於是我再加碼到 6 萬元。我那時候真心覺得這種投資方式很好，既不用工作又能賺錢，因而上網研究其他網路投資的工具，看看有沒有更好的賺錢管道，才發現類似的工具還真不少，只是操作方法不同，但同樣都能輕鬆獲利。

花 20 萬買教訓，卻讓我更快擁有自己的房子

有一回，我還特地從桃園坐車到北投，與一個素昧平生的網友見面，確認他在部落格上推薦的另一個網賺工具。看到他對股票、期貨似乎很有經驗，又在研發紙上證券系統程式，工作室裡擺了好幾十台電腦，似乎很專業。再加上他才投資半年就已經回本，並賺了近百萬元，還不用拉人加入，回本速度更快。

於是我只考慮了一下，就把僅剩的 10 萬元存款投下去，每天都期待著錢能快速滾進來，然後風光地幫女友買名牌包。

　　但人算不如天算，才過不到半年，有一天我媽打電話給我，說在新聞上看到有家網賺公司被踢爆是詐騙，問我是不是我投資的那家公司，當時我一聽整個腦袋一片空白，瞬間腿軟快站不起來，一時不知道該說些什麼。只能用顫抖的聲音問她：「媽，你確定真的是這家公司嗎？」女朋友也不知道要怎麼安慰我，畢竟，對一個大學生來說，10 萬元不是一筆小數目，後來沒過多久，我投資的第一家網賺公司也被踢爆，這讓我打擊非常大。

　　就這樣，我還沒出社會賺到錢，就已經先賠了 20 萬元。這次事件對我來說真是晴天霹靂。而且，我還不敢告訴媽媽我賠了那麼多，差點沒錢吃飯，更不要說存錢買房了。沒想到，我會因為做錯一次選擇，而離買第一間房子的目標越來越遠，讓我非常沮喪。

　　這次慘賠的經驗讓我學到：
　　一、未來的事物變化太快，要先做好最壞打算。
　　二、通常結果不會像別人說的一樣美好，過度期待死更快。

　　這就是我用 20 萬元買到的教訓，這個代價實在太大了。不過，我並沒有因為這次的挫折就放棄夢想，而且，萬萬沒想到，因為這次事件的激勵，讓自己更快擁有第一間房子。

獲利關鍵

一、未來的事物變化太快，要先做好最壞打算。
二、通常結果不會像別人說的一樣美好，過度期待死更快。

第三節

20 歲獨自踏入房仲店，成功買下「元智一號」

賠掉多年積蓄後，我記取教訓，做任何投資都變得非常小心，並決定聽從專家建議，讓自己先看過 300 間房子後，才出手。過程中如果遇到真的很想買的物件，也必須忍住。因為我相信，多看房子一定可以學到很多專業知識，比方說，如何與仲介應對、出價、議價的過程、了解市場行情以及趨勢變化等。

我第一次獨自踏進仲介店那年才 20 歲，一開始，我選擇離自己家裡最近，也是全台灣廣告量最大、知名度最高，並強調服務品質最好的信義房屋。

這裡的仲介通常都是年輕人，我想，如果是與自己年紀較接近的房仲洽談，比較不會有代溝，也比較不害怕。其實，當年的我一個人走進房仲店時非常緊張，一方面怕他們看不起我，直接把我趕出去，更煩惱如果我的專業度不夠，會聽不懂他們在講什麼。結果，我在門口足足徘徊有 20 分鐘之久，才鼓起勇氣進去。

直到現在，還是有很多年輕人問我：「你這樣一個人去找仲介看房子，難道不會害怕嗎？」廢話！當然會啊，不過只要踏出第一步，不斷重複做同樣的事，恐懼就會慢慢消失，最後就自然

而然變成習慣，就像每天要洗澡、刷牙一樣。

那時為我服務的是一位剛工作半年，體型壯碩的業務，聽到我要投資買房時，他並沒有露出我之前預想的鄙視、懷疑或愛理不理的樣子，著實讓我鬆了一口氣。

回想當初我跟仲介看的第一間房子，是在桃園中壢區大勇一街的五樓公寓，在巷子的尾端，整體非常破舊，公共的樓梯間都沒人整理，到處都是垃圾、雜亂不堪，大約 25 坪開價 188 萬元。那時候我不停揣測，仲介到底會用什麼黑心話術說服我，後來證實，不是每個仲介都那麼會騙人。之後我遇到的房仲，也幾乎都會誠實告知房屋的相關資訊。

結果，我第一次看屋就連續跑了三間，從下午 4 點看到了晚上 7 點，心裡有著莫名的興奮和熱血，想盡快看完 300 間，買到我人生的第一間房。

把仲介店當便利店，一年逛 300 間房

自從習慣有事沒事就去看房後，我也會每周固定參加房地產聚會，討論最近的時局、政令變更、大環境變化等。

實際上，我建議現在的年輕人多走出去，多認識人群和接觸各行各業的人。因為我在這個聚會上，認識了我的合作夥伴、房地產前輩，其中有些成為我的貴人、有些變成我的朋友，後來有幾位成為我募資的金主，更因為這些活動，拓展了我的人生格局與視野。藉由前輩的寶貴經驗，可以讓我們少走很多冤枉路。此

外，在這種聚會上，更容易找到與自己合得來的夥伴，彼此學習成長，是非常棒的經驗。

從決定買房開始，我進出中壢市區的仲介店，就像逛便利商店一樣頻繁，幾乎中壢的每間仲介店，都被我拜訪過了。那時，我每天都在看房，因此在短短一年內，我接觸的仲介加代銷的名片，很快就累積到 500 張，並達成看 300 間房的目標。

經過一年的看屋磨練，我不但沒有打消投資房地產的念頭，想買房子的欲望反而越來越強烈，每當看到低於市價的房子，就會手癢想出價，更想盡快投入，加快我實踐夢想的腳步。

這時，我面臨到許多人想買第一間房時都會遇到的問題：沒錢、沒技術、沒經驗、沒便宜的案子……，我曾帶著自己遇到的這些問題去找前輩解惑，沒想到前輩的回答非常直接：「沒錢就去找錢，沒技術、經驗，就去找有技術、有經驗的人合作，沒有便宜的案子，就不斷跟仲介去看房，培養關係找案源。」我才知道，投資房地產沒有任何捷徑，就是想辦法執行而已，這也成為我日後做事的準則。

想當首購族，先做好這四件事

因此，建議若你的目標和我一樣，想盡早買到房子，或想靠房地產累積財富，那麼至少得先做好以下四點準備：

一、一間房子的頭期款＋仲介費＋代書費＋稅費＋裝修工程相關費用，至少需先準備 50 萬元。

二、找一個值得信任的裝潢師傅，請對方來裝修時，自己一定要去監工，若真的沒時間，也一定要找工班代為處理。

三、想買低於市價的案源、房子、物件，必須有心理準備，通常屋況、條件會比較差。

四、想投資房地產，對市場要有基本的了解，並多培養看房的敏銳度，盡可能累積仲介人脈。

我投資房地產前，也是做足了這四件事，才真正開始投資。一開始，我只是單純地想用最快的速度，找到便宜的案子，每天看五、六間房都不嫌累，最高紀錄還曾一天跑 15 家仲介店。**不管是夏天頂著酷熱的太陽，還是冬天吹著刺骨的寒風，一個人騎著小綿羊，我都不放過任何機會，**並盡可能地認識更多房仲。

後來，有個前輩看我每天這麼努力找房子，就告訴我他願意投資我，好巧不巧，那時剛好和仲介找到一間，低於市價行情 7 折的案子，於是，**那位前輩出資贊助我，讓我在 20 歲時，買到了人生第一間房子，**並開啟我投資房地產的大門。

屋主的破爛公寓，我改造成黃金屋

我買的第一間房子，地點是在我的母校元智大學商店街旁，中壢區興仁路二段，一間三樓 32 坪的公寓，離內壢火車站車程 5 分鐘，走路到學校也只要 5 分鐘，樓下就有很多餐飲店，吃飯非常方便，附近也有大賣場，生活機能很便利。

說起來真的很幸運，第一次操作房地產就是在自己熟悉的環

境，這是非常適合新手投資的條件。不過也多虧了平常努力建構的房仲人脈，才能讓我找到條件這麼好的物件。

這個物件是我認識許久的仲介小陳介紹的，那時候臨時接到他打來的電話，劈頭就對我說：「我有好康要報給你，快點來，再不快點，就會被人搶走了。」我心想：「每個仲介為了要吸引買方看房，誰不是這麼說。」於是我意興闌珊地問他：「你先告訴我地址和價錢吧。」他說：「這是中古公寓隔成六間套房，價錢是 298 萬，地址是興仁路二段……。」

我一聽，這不是我最熟悉的區域嗎？腦中立刻聯想到是哪棟公寓的哪一層樓，剛好是非常適合我的物件。於是我二話不說，立刻衝去看房子，到現場後，果真看到有好幾組客人陸陸續續進來。

房市多頭專家顏炳立曾經說過：「專業，就能縮短思考時間。」我算了一下利潤和評估風險後，憑著之前看過 300 間房的感覺和相關知識，很有把握地「在現場直接出價」。

雖然，之前也有過出價經驗，但就是因為決定的速度太慢，最後被別人買走。這讓我體會到，在還沒成交前什麼都不能算數，稍微慢一點，喜歡的物件就可能被別的仲介做掉，或被賣給其他客人。

所以，我立刻口氣堅定地告訴小陳：「一句話，230 萬賣不賣？」並直接去領了斡旋金 5 萬元，先卡第一順位，後來經過一番議價，最終以 250 萬元成交了。

投資入門

> **斡旋金**：指買賣雙方對於不動產標的價格，暫時不能達成共識時，由買方提出部分價金，交由仲介公司作為協調之擔保，以示其購買意願。
>
> 　依一般民間交易習慣，斡旋金為「請求中間人代為奔走協調所需之費用」，且以達成買方要求之任務為必要條件，否則斡旋金必須退還。當買賣雙方達成共識時，斡旋金即轉變成買賣價金之一部分，接著買賣雙方即正式會面簽定買賣契約。
>
> **要約書**：是買方不給付斡旋金，而將記載購買房屋意願的文書，交由仲介業者向賣方進行磋商，當賣方同意買方之要約內容時，雙方有簽訂買賣契約完成交易之義務；若買方反悔，賣方可選擇解除契約，請求損害賠償。

　　我把這筆房產稱作「元智一號」，老實說，雖然這間房子的地點很好，但屋況真的超級爛，爛到原屋主都不想處理，直接擺爛不租了，還漏水、長壁癌，套房內的家具家電破舊不堪，連牆壁都因為潮濕發霉變得黑黑髒髒的，看起來根本不會有人想住。

　　不過，那時候我在小賴的房仲公司負責租賃業務，不只了解附近的租金行情，也知道什麼樣的地點、怎樣的房型好租又可以提高租金。因此若想要快速出租，讓房間的周轉率變短，內部一定要**重新裝修整理過**。

　　所以在考慮下斡旋金時，我就已經想到，這間房子位於中壢

工業區人口眾多的內壢，房客可能是在這附近上班的人，此外，因為鄰近學校，也可能是學生。

對這兩個族群而言，**交通機能**是最重要的，這間房子剛好離火車站近，離元智大學走路也只要 5 分鐘，加上生活機能便利，有賣場、星巴克、麥當勞，樓下還有許多小吃店，只要稍微整理一下，一定能很快就租出去。

這是我買到的第一間房子，讓我非常興奮，於是很快開始動手整理，首先，我把原有的輕鋼架天花板，做了木造的造型流線板，還裝了許多黃光的照明燈及白光的崁燈，最後在每間房間都裝上超級大吊燈，光是燈泡加主燈，一個房間就用了將近十盞燈，讓房子變得非常明亮。

當然，我還請工人用乳白色的油漆，重新粉刷過每個房間，此外，廁所給人的第一印象更是重要，因為很多女生一進房間，就會直接看廁所，所以我把馬桶、洗臉盆、蓮蓬頭全部換新。再來就是地板，全都重鋪拋光石英磚，最後，家具窗簾也挑色彩鮮明的亮色系，房門還換成乳白色，加上高科技的密碼電子鎖，最後以一些裝飾品點綴，整個房間就煥然一新了。

我大概花一個月時間整理裝潢，不過正因為重新整理過，在非常短的時間內就把套房租出去了，還讓每間房間的租金從原本一個月 4,000 元漲到 5,000 元。

▶圖2-2　房屋問題多，重新整理後加快周轉率

未整理前，內部牆壁斑駁、有漏水　裝潢整理後，更容易出租。
痕跡。

▶圖2-3　利用原有套房重新裝潢整理，就能提高租金

原屋主已隔好的套房。　　　　更換新家具並重新裝潢，營造質
　　　　　　　　　　　　　　感。

也就是說，買這間房子的成本，除了頭期款 50 萬元之外，我另外用 2.5 %的利率貸款 200 萬元，每月繳的本金加計利息，約在 1 萬 2 千元以內，至於仲介代書費等細項費用大概抓 10 萬元，最後加上裝潢、買家具家電、修漏水的防水工程，費用共 70 萬元，總成本為 330 萬元。

▶圖2-4　「元智一號」的購入成本

頭期款（現金）	貸款	其他支出（仲介、代書費及雜支）	裝潢費	總成本
50 萬元	200 萬元（每月本金＋利息還款 12,000 元）	10 萬元	70 萬元	330 萬元

你或許會好奇，這樣做真的有賺頭嗎？接下來，我會用簡單的公式算給你看。

把套房整理好後，我將租金提高到每月 5,000 元，因此，我每個月的收入就是：5,000×6（間房）＝30,000 元，當時的出租比率大概在八成左右。扣除每個月還貸款的錢，還有一些零星的支出或修繕費用（約一個月 2,000 元左右）。所以，我每期真正的收入是：

$$30,000 \times 0.8（出租率）－12,000－2,000＝10,000 元$$

出租小叮嚀

出租比率八成的意思，就是假設滿租是 100%，但要納入中間租客交接期間的時間，所以我的計算模式是保守用八成來計算。因為一年當中有 12 個月，八成的出租比率即一年中有 9.6 個月都有人承租，換言之，就是將近有 2.4 個月是房間的空置期。

也就是說，我每月的淨收入有 1 萬元，然後我出租了兩年：

$$10,000 \times 12（個月）\times 2（年）＝24 萬元$$

加上最後賣出 425 萬元，扣掉仲介費等相關稅費，實拿約 400 萬元，再扣除一開始的總成本 330 萬元：$400－330＋24＝94$ 萬元。

- 每個月的租金收入：$5,000 \times 6（間房）＝30,000$ 元
- 每月還款及雜支：$12,000＋2,000＝14,000$ 元
- 每月淨收入：$30,000 \times 0.8－14,000＝10,000$ 元
- 出租兩年的淨收入：$10,000 \times 12 \times 2＝24$ 萬元
- 轉手賣出後實拿 400 萬元，扣除購屋成本實際獲利為：$400－330＋24＝94$ 萬元

▶圖2-5 「元智一號」的實際獲利

購屋成本	每月淨收入	賣出獲利	實際獲利
330 萬元	1 萬元／月（2 年）	400 萬元	94 萬元

由此可知，只要把房間美化，再利用一些創意巧思裝飾整理，就能提高房屋的價值，把原本別人眼中不要的垃圾變成黃金，賣到好價錢。不過，現在每間大學或工業區附近的套房，投資報酬率都不盡相同。

以元智一號為例子。總共六間套房，每月租金5,000 元，一年的租金收入即為：

$$5,000 \times 6 \times 12 = 36 \text{ 萬元}$$

投資報酬率就是：

$$36 \text{ 萬元（租金收入）} \div 425 \text{ 萬元（承接我房子的人的購入成本）} = 8.47\%$$

以現在的行情來看，套房投報率如果有 6% 到 7% 以上，就會比較好脫手，收的租金也比較多。也就是說，和我買房子的人，可以得到 8.47% 的報酬率。就這樣，我靠了房地產賺進人生中第一桶金。

獲利關鍵

利用一些創意巧思裝飾整理，就能把原本別人眼中的破爛屋，變成黃金屋。

投資入門

投資報酬率：盈虧加總／投資額總計。

年化投資報酬率：（1+累積報酬率）$^{1/年數}$－1。

第四節

想撿便宜屋？
你得找到殺價的籌碼

自從有了元智一號的成功經驗，我迫不及待想找下一個物件。民國 100 年，我買了一間在內壢火車站附近，鄰近工業區，位於成章四街的公寓，我稱它為「內壢二號」。

這間在五樓 23 坪的公寓是在巷寬 6 米的無尾巷，地點還不錯，到內壢車站只要 5 分鐘車程，到家樂福騎機車也只要 3 分鐘，附近有小北百貨和小火鍋店，又靠近忠孝路商圈。只是環境和屋況有點糟糕，因為裡面漏水、壁癌樣樣來，有時還會有水從天花板滴下來，更誇張的是裡面竟然還有住人。

這種屋況需要專業的整修，但也是很好議價的籌碼，通常便宜的房子，不是有很多問題要處理，就是屋主欠錢急著賣。若遇到第一種狀況，只要是我能承擔的風險，這些問題反而會變成我殺價的籌碼。

我當時認為，這個物件的合理價格為 150 萬元，但是出價時絕對不能一開始就亮出底牌，所以我先喊 130 萬元，可想而知，那時帶看的仲介小黃氣炸了，對我說：「你這種價格不可能買到！羅先生，屋主的開價很低了，你可以比較看看附近行情，再出價嘛。」我說：「我出低是因為屋況真的很糟，光外牆的防

投資入門（風水篇）

無尾巷：即死巷，以現代人觀點看來，位於巷尾較安靜，但風水上屬於較忌諱的地理條件。

路沖：住家大門正對大馬路，住戶容易發生交通意外，建議在面對大馬路的方位放上「石敢當」，化解路沖煞氣。

屋角煞：傳統的觀點認為，尖角形的物體會形成一種氣勢，在風水中稱為「角煞」，若正好對著住宅，會令主人招來各種麻煩。

刀煞：若廣告招牌正對到窗戶或大門，就如同一把刀懸在頭上，不知何時會落下，象徵著不知何時會遇到突如其來的災禍。

割腳水：風水學中，將江河湖海等自然水稱為「真水」，認為住宅不可和真水太過貼近，不但不能蒙福，反而受其禍害。從醫學角度來看，離水太近較潮濕，容易影響健康。

穿心煞：如果門的上方剛好有樑經過，且與門成直角穿越而過，俗稱「捶心肝」，容易發生令人扼腕的事。以科學角度來看，從門穿越而過的樑，會令天花板有降低的錯覺，容易造成精神上的壓迫感，建議可用裝潢修飾。

孤峰獨立：風水講究環境與人之間的對應關系，孤高的大樓給予人一種孤立、高傲的感受，這樣的住宅環境對人的心理健康不利，容易影響主人為人處事及待人接物，間接影響到人際關係及事業發展。

方形主貴：風水上，正方形的宅形有「正直」的意涵；而形狀縱深長、橫寬短的長方形設計，則象徵豐富的精神內涵。

水、搭鷹架、修漏水、壁癌就要花一大筆錢，我知道你很辛苦，你就幫幫忙，我很想買這間房子，幫我跟屋主說說看。」

之後，我在見面談的時候加了 10 萬元，用 140 萬元就買到 25 坪的房子，後來又貸款 110 萬元，每月本金加利息大約在 6,000 元左右，相當於把對方開價直接殺到 6.5 折，最後以市價 7.5 折購入。

裝潢費該花就別省，小投資賺高報酬

買到手之後當然很高興，不過也是挑戰的開始。我需要把整間屋子大翻修一遍，把裡面的隔間整個打掉，變成開放式格局，又把一些破舊的家具、廢棄的木櫃子處理掉，因為工程浩大，最後花了大概三個月，終於整理出四間全新裝潢的套房。

這次的經驗對我來說非常寶貴，因為重新隔出房間，所以能利用或調整的地方也更多。其中有一間格局沒有很方正，有部分是圓弧形的，我除了利用家具家電擺設，讓房間格局看起來較方正，此外，這一間的桌子我請裝潢師傅用系統家具特別訂做，雖然成本較高，但房間的質感也大幅提升。

不只如此，在裝潢時我特別要求，每間套房都要有獨立洗衣機和陽台，千萬不要小看這兩個部分。因為現代人很重視隱私和衛生，希望自己的衣服不會和別人的衣服混在一起，也很在意有地方能曬衣服，光是多了這兩個條件，租金就可以比一般沒有陽台及獨立洗衣機的套房多 1,000 元。

▶圖2-6 「內壢二號」內部整理前後比較

整理前內部格局不方正的區域。

用裝潢設計修飾不夠方正的格局增加空間感。

整理前老舊髒亂的陽台。

幫每個房間隔出獨立陽台，並放置洗衣機。

　　當然，因為工程較複雜，在裝潢過程中，還曾發生令我冒了一身冷汗的小插曲，當我在裝水電管路時，樓下鄰居突然氣沖沖地跑上來對我說：「肖年仔，你這樣做不行啦，水都漏到我家了，你看看要怎麼處理！」聽到鄰居抱怨後，我第一時間馬上請工頭和水電師傅趕緊下樓查看，好險只是一點小裂痕，修補一下就解決了。話說回來，老舊公寓或華廈動工時，真的要非常小心，不然一不小心與鄰居鬧得不愉快，絕對得不償失。

　　到了工程的最後，我還特地花錢請師傅在頂樓和公寓外牆，多上幾層防水漆，並請工讀生定期把公共環境打掃乾淨，樓梯間也重新油漆粉刷一遍，再把樓梯間的燈泡，全部換成瓦數較高的，讓買方一進來有煥然一新的感覺。

　　不只如此，免費幫鄰居整理公共區域，鄰居也會覺得我們很好相處，後來互動都非常愉快。由於我做了這麼多努力，也成功把房租抬高到每間每月 6,500 元。

　　以下是我投資「內壢二號」的購入成本：

　　買入成本＋仲介費、代書費相關稅用：

> 140＋140×2％（仲介費）＋代書費相關稅用＝150 萬元

　　整理成本（中壢地區套房施工成本約 25 萬／間）＋購入家具家電：

25×4（間房）＋20（家電）＋10（其他雜項）＝130 萬元

總成本即為：

150＋130＝280 萬元

▶圖2-7　「內壢二號」的購入成本

買入成本	施工成本及雜支	總成本
150 萬元	130 萬元	280 萬元

擺兩年賣不掉，改裝套房賺租金

　　因為有了「元智一號」的成功經驗，讓我信心滿滿，沒想到卻是災難的開始。投資「內壢二號」後，看著投資客前輩的案子都賣出創下新天價，因此，我一開始就盤算著不收租，整理好直接賣，大賺一筆。

　　民國 100 年，剛好是桃園房市上升波段的三年，許多前輩都在便宜的時候買入，又趁著這一波漲幅順勢天價賣出。但沒想到，時勢快速變遷，遇到政府強力打房，我的「內壢二號」竟然擺了半年都賣不掉，最後決定還是先出租擺中長期，等時局明朗

穩定時再處理。

　　這就是為什麼我剛進入房地產，要選擇買套房的原因，當大環境不如人意時，買方市場進入觀望期，賣方怎麼賣都得不到好價錢時，還可以放長期收租，等待機會。

　　當時，我決定把四間套房都出租，每間平均租 6,500 元，四間套房的租金收入就有 2 萬 6 千元，這個租金收入，足以支付每月的貸款和其他雜支。我也認識幾位仲介朋友，專門投資三房兩廳裝潢或是新成屋，做資本利得賺價差，這時如果沒有收租的現金流做後盾，每月繳的利息就如同負債，在市場不好的情況下，其實壓力很大。

　　尤其是持有很多間房子時，每個月繳出去的利息可能高達好幾十萬元，這種壓力不是一般人能負荷的。在房市低迷時，有一陣子買方出價都比市場行情少了 30 到 50 萬元，更不用說要跟前輩一樣賣高價了。

　　房地產市場有時讓人難以捉摸，一陣子收租型產品套房好賣，一陣子店面好賣，一陣子三房電梯好賣，一陣子因為打豪宅政策，資金都往低總價住宅跑，總之，房地產循環大都與政策和全球經濟環境有關。我這個物件總共擺了兩年，剛好又遇到這幾年台灣各地房價普遍上揚的情形，最後順利以 450 萬元賣出。

　　以下是我投資「內壢二號」的獲利：

● 每月房租收入：

> 6500×4（間房）＝26,000 元

● 每月現金流入：

> 26,000×0.8（出租比）－6,000（每月房貸支出）－2,000
> （雜支）＝12,800（約 1.3 萬元）

● 收租兩年租金總收入：

> 1.3（萬／月）×24月＝31.2 萬

最後以 450 萬元賣出，但減掉仲介費及相關稅費實拿 425
萬，再扣除購屋時的成本 280 萬元，總共獲利為：

> 425－280（成本）＋31.2（2年租金）＝176.2 萬元

▶圖2-8　「內壢二號」的總獲利

總成本	現金流入	售出價格	總獲利
280 萬元	31.2 萬元 （1.3 萬元／月）	450 萬元 （實拿 425 萬）	176.2 萬元

在套房收租這種投資物件中，通常投資報酬率約為 5％ 到 6％；但以我的這個物件來算，年收入為 31.2 萬元，投資報酬率約在 7％ 左右，已經比一般租金投資報酬率 5％ 到 6％ 的套房來得高。

「內壢二號」的房租年收入：

6,500（價格／間）×4（間）×12（月）＝31.2 萬元

投資報酬率即為：

31.2 萬／450 萬＝6.93％

我很慶幸，原本預期在短時間內賣不掉的「內壢二號」，擺兩年後，不但漲了房價還賺到租金，成為我第二個成功案子。

如果你也想投資房地產，又不想冒太大風險時，就可以和我一樣，選擇買中古屋整層或隔成套房收租。這種投資物件在賣不掉時，可以放長期收租，用租金當作後盾，是相對穩定的投資方式。

獲利關鍵

當買方市場進入觀望期，賣方怎麼賣都拿不到好價錢時，還可以放長期收租，等待機會，這就是為什麼我剛進入房地產，選擇買中古屋的原因。

你出錢，我讓利，
快速累積 30 間房

第一節

運用財務槓桿，
用股東概念找資金

　　提到買房，很多人都覺得要先準備一大筆錢，才能成為首購族。事實則不然，想當初我剛開始投資房地產時，根本兩手空空。不過，在修習財務金融的相關課程時，發現財務槓桿不只可以用在期貨、選擇權，也可以靈活運用於房地產操作。

　　像期貨、選擇權等衍生性金融商品的財務槓桿觀念，與房地產市場有幾分相似。

　　就拿台灣指數期貨來說，以目前台灣指數市值 9,000 點為例，現在台股期貨一口保證金為 8 萬 3 千元，一口台股期貨的實質價格，則是 180 萬元，但我們卻能用 8 萬 3 千元購得。等於向銀行借了 172 萬元，也就是說這一張期貨合約，相當於向銀行貸款了九成五，自備款〇‧五成。

　　在槓桿運用部分，期貨與房地產有個特性非常相似，在房地產中，購買的資金來源會有兩個部分，一部分是銀行貸款，另一部分是自備資金，通常銀行貸款占八成，另外兩成是自備款，這就是為什麼我身無分文，卻可以大量操作房地產的原因。

投資入門

證券投資基金： 在美國被稱為共同基金，在英國和香港被稱為單位信託基金，它是指通過公開發售基金份額募集資金，由基金託管人託管，由基金管理人管理和運用資金，以資產組合方式進行投資的一種利益共享、風險共擔的集合投資方式。

期貨： 買賣雙方透過簽訂合約，同意按指定的時間、價格與其他交易條件，交收指定數量的現貨。通常期貨集中在期貨交易所，以標準化合約進行買賣，但亦有部分期貨合約可透過櫃台交易進行買賣，稱為場外交易合約。

選擇權： 選擇權是一種權利契約，買方支付權利金後，便有權利在未來約定的某特定到期日，依約定之履約價格，買入或賣出一定數量的約定標的物。

金錢會流向能創造價值的人

有很多人問我，既然對投資這麼有興趣，為什麼不操作股票、期貨、選擇權、權證等金融商品，這樣不是可以賺更多，為何獨鍾於房地產？

其實，我也曾想過要透過股票、期貨賺錢，但在某次演講中，我聽到小蒙牛企業共同創辦人陳光分享的財富概念，大大扭轉了我的觀念。他在演講中提到：「**所謂賺錢，一定是我們解決了某一些人的問題，讓他們用有價值的東西與你交換。**」

這個觀念深深烙印在我的心中，後來，我無時無刻都在觀察

自己的金錢流向，果然如陳光所說，當別人解決了我的問題，我才會拿錢去和他交換。例如：早餐店老闆解決我肚子餓的問題，所以我用等價的金錢與他交換。或是我想去某個地方，搭捷運會比坐公車快，於是我選擇付出更多金錢，換取更快到達目的地。若是去上班，用我的能力幫公司創造價值，公司就會付我薪水，交換我的能力。

由此可知，**金錢都會流向能創造價值的人身上**，自從我接觸這個觀念後，我的人生起了一百八十度的變化。

這正是我選擇在房地產領域發展的原因，我一直在為我買的房子創造價值，例如：今天買下一間房子，我滿腦子都在想，要怎麼樣讓這個物件增加價值，也就是為**下一個買這間房子的人，解決住的問題**，並讓對方能住得更舒適、便利。

換句話說，我用打造更好的生活環境的能力，賦予房屋更高價值，就是我個人最大的價值。

反觀期貨、選擇權、權證等金融衍生性商品中，大多都是「零合」概念，有人贏就有人輸。我多次參加房地產達人月風的講座，他也提到類似的概念。通常在金融市場中 85% 的人都是賠錢的，只有 10% 到 15% 的人在市場裡獲利。

但是，這 10% 到 15% 的贏家，絕大多數都是外資、自營商、大股東、投信等市場大戶，類似你我的散戶，95% 都只有輸錢的份，也就是 100 個人當中，95 個人是賠錢收場。看過以上統計數據，應該不會再認為投資衍生性金融商品很好賺了吧。

前面聊到房地產與期貨的差別，接下來，我還想與大家分享，房地產與股票的差別。股票價值投資法的概念，其實與房地產也有幾分相似，他們在租金現金流與股利股息方面，模式很接近。

股票是一家公司發行給大眾的憑證，讓大眾可以透過認購，成為該公司的股東，當然就能享有股東的權益。所以，公司有義務向股東報告，最近公司的營運方向與決策。而每年公司為社會「創造價值、提供服務」產生的獲利，也會撥出一部分，給股東當作股利股息。

頭期款怎麼來？用股東概念找資金

而我目前經營房地產的方式也類似如此。我把屋況極差的房子買進來，重新整理裝潢成套房或一般三房住家，再用心布置一番，創造更大的居住價值，以此獲得更高的租金收入。從這裡可以看出，房地產的租金現金流收入，與公司股票的股利股息現金流收入，概念非常相似。

有一次我把這套方法講給朋友小巴聽，但她聽完後還是對我說：「你講那麼多，我還是霧煞煞，能不能用更簡單的方式解釋一次？」

當時，我是這樣解釋的：股票、期貨、選擇權等商品的概念，就好比我今天買了一間需要裝潢的房子，購屋加上裝潢的錢大概需要 500 萬元，但我身上的資金不足，所以就把這個物件需

要的資金，以及未來的獲利空間，寫成一張企畫書。

之後，我拿著這張企畫書去募集資金，只要有人願意投入資金，未來就可以共享獲利盈餘。當我籌資完畢後，就拿這筆資金，買房並著手整理改造，隨著時間及施工狀況，房屋的價值波動就會越來越明顯，如果漲價，可能是因為房屋的狀況接近當初預測的結果，若不幸跌價，就可能是當初評估錯誤，需要投入更多工程款來支援這個案子，因此壓縮了獲利空間。

獲利關鍵

金錢會流向能創造價值的人身上。因此所謂賺錢，一定是我們解決了某些人的問題。

第二節

獲利模式視覺化，
揪人一起出資

　　通常，一間房子的頭期款是總價的二到三成，至於借錢的對象，一開始可先與身邊的親朋好友調度，成功率比較高。我決定買房時，也是先向我媽開口，但她一聽到我要借錢買房，就毫不猶豫地拒絕，一毛也不給。

　　提到借錢，大家第一個想到的一定是銀行。的確，銀行是一個很好的平台，有句話說：「銀行就是窮人存錢給富人借錢，讓富人操作槓桿，用錢滾錢致富的地方。」我很認同這句話。

　　決定買房前，我很清楚只要做好風險評估，並了解自己可承受的風險範圍，就有機會獲得豐厚的報酬。反之，如果不敢冒險，就只能得到平穩的獲利。實際上，與其他衍生性商品相比，投資房地產的風險已經相對較小，再加上現在的房貸利率相對較低，只要把房地產借來的錢，投資在比銀行定存 2% 的利息高，但風險低的工具上，都能獲得不錯的利潤。

　　很多有錢人就是運用這種方式賺利差，即拿原本淨資產（完全沒有貸款）的房子去貸款，投資在報酬率超過房貸利率的工具上。例如：銀行估市值 500 萬元的房子，完全沒有任何貸款，保守能貸房價的六成出來，也就是 300 萬元，貸款的利息是 2%，

若拿去投資人民幣定存，利息是 4%，就能賺到 2% 的利差。

　　至於一開始就得準備好的頭期款，以及裝潢工程費用等支出，我則是透過「募資」的方式籌錢。也就是說，我用經營公司的概念，把願意拿錢出來投資的夥伴當成我的股東，之後再跟股東談條件分配利潤，這樣就可以解決我資金不足的問題。

▶圖3-1　我的募資概念圖

1. 尋找合適物件。

2. 撰寫企畫書。

3. 揪人一起投資。

4. 改造整理，賦予房屋更高價值。

5. 收租或轉手賣出，與股東共享獲利。

第一次募資，就成功找到 200 萬

　　有一句話這樣說：「運氣就是當機會來臨時，你已經準備好了。」也就是說，唯有在機會來臨前，基本動作扎實且完善，這樣幸運之神來臨時，才能好好把握住機會。

　　我自己的經驗也是這樣，在還沒找到低於市價的房子前，我

就習慣與身邊的人分享自己的投資計畫，所以，等仲介告訴我有便宜的案子時，口袋裡已經有好幾個可以募資的人選了。

當發現還不錯的案子時，**我會把該物件相關的資料整理好，接著逐一打電話，約有興趣一起投資的夥伴看屋**，讓他們了解屋況、格局、環境、附近的生活機能等……。對方在看房的同時，我也會同步解說賣出後的年化報酬率、中間會遇到的折舊花費、稅費等相關費用。

像我決定買「元智一號」，並付斡旋金的那天下午，也是立刻約我的金主黃大哥來看這個物件，並向他解釋我的計畫。

「黃大哥你好，上次跟你提過一個投資物件的評估企畫，這間房子是在興仁路二段 32 坪五樓的六間套房，走路到學校只要 5 分鐘，離內壢火車站車程也在 5 分鐘以內，生活機能非常棒，樓下就有清玉飲料店、7-11、全家便利商店、一些小吃店等……，附近還有家樂福，近內壢工業區，不僅可租學生，也可租給工業區的上班族。原本每間的租金是 4,000 元，我粗估投資裝潢費約需要 70 萬元，再把每間的租金拉到 5,000 元，之後把這個物件以 8% 的投資報酬率賣出，預計能獲利 100 萬元……。」

我整整花了三小時解說，沒想到黃大哥最後竟然回我：「我覺得這間的風險太高了，還是等下次再說。」被拒絕的當下我好氣餒，一直思考，自己還有哪裡說得不夠詳細？不能讓人安心地把錢交給我。

▶圖3-2　我的募資企畫書（範例）

（1）**案名**：台中北區健行路中古公寓

（2）**提案人**：羅右宸

（3）**投資報酬率**：

　　近一中商圈，租金年收約 28 萬元，租金報酬率 7%。

（4）**詳細介紹此案件**：

　　（A）**本案特色（Why）**：此物件建坪 23 坪，屋齡 25 年，開價 13.5 萬／坪，預計用 9.5 萬／坪購入，此物件銀行估價可貸款 170 萬，距離一中商圈車程 3 到 4 分鐘，附近又靠近親親戲院，走路 5 分鐘有便利商店，住家附近商圈有大型品牌店家進駐，生活機能非常方便，可以出租給上班族，以及台中北區三所大學的學生。

　　（B）**時間規畫（When）**：預計民國 102 年 5 月購入，民國 102 年 7 月動工，民國 102 年 9 月完工，民國 102 年 10 月招租，民國 104 年 10 月開賣。

　　（C）**此案地址（Where）**：台中市北區○○路○○號，附近有四條主幹道：三民路、崇德路、雙十路、健行路，此地區鬧中取靜，旁邊有許多校區：中國醫藥大學、台中科技大學、體育大學、台中一中、新民高中、三省國小、健行國小等。

　　（D）**客群目標**：

　　　　●**租客**：中國醫藥大學、台中科技大學、體育大學學生，一中商圈上班的上班族，醫院的護理人員。

　　　　●**物件買家**：手上有閒錢，想投資當包租公者。

　　（E）**此物件重點人物**：物件主持人（一般合夥人）、出資人（有限合夥人）、物件名義人（房屋登記者）。

　　（H）**此案件改裝重點**：此物件建坪 23 坪，規畫成 4 間小套房，每一間 5 坪左右，走道約 2 坪多，整理後 4 間房均有對外窗，

　　　預計每間租金約 6000 元／月，租金年收入約 28 萬元
　　（2.4 萬／月）。（附設計圖，參下頁圖3-3）

　　（1）**此物件的優劣勢分析**：此物件優點是價格低、地點好、格
　　　　局方正，隔成套房有租屋市場需求，缺點是附近有一間寺
　　　　廟（嫌惡設施），且屋齡相對較高，屋況並不是很好。

（5）財務計畫：

銀行貸款：170 萬	自備款：約50 萬	工程款：150 萬
申請裝修許可：10 萬	代書潤筆費：2,000 元	
成交手續費：5 萬	稅金：5 萬	雜支：5 萬
總物件總額：約 400 萬	貸款比例：80%	預估售價：460 萬
租金報酬率：7%		

（6）目標：

● 預計民國 102 年 5 月用 250 萬元購入（包含所有雜支，
　預計每月支出的貸款金額）。

● 民國 102 年 6 月動工（請哪位師傅監工、哪個公司發包、
　每個月工程進度規畫、套房風格、家具款式），預計民國
　102 年 9 月完工，工程款約 150 萬元。

● 民國 102 年 10 月招租（張貼在 591，委託租賃公司找租
　客，布告欄張貼公告），每間套房租 4,000 元。

● 民國 104 年 10 月開賣預計售價 460 萬（委託給北區附近
　哪幾家房仲公司，如果過了三個月開價沒賣出，打算再降價
　底價的 10%，結案後依投資金額比例分配獲利的利潤）。

▶圖3-3　我的募資企畫書：內部改裝工程示意圖

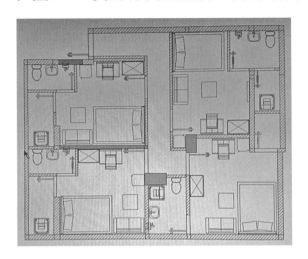

　　其實，當時的我完全沒有投資經驗，再加上年輕，語氣可能也不夠專業，對方會拒絕是很正常的。於是，為了取得投資者的信任，我把口氣練得更專業，並在對談中，盡可能加入房地產專有名詞，花更多時間了解這個物件周邊同質產品的行情，讓自己更有條件說服金主，相信我的專業眼光。

　　以這個案子為例，雖然是公寓五樓的物件，我連附近的一到四層樓行情、以及華廈、新成屋、預售屋等的售價，都深入調查。還把未來周邊即將興建的重大交通建設、都市規畫等，列入計畫書中。此外，我特別加上附近的租金行情，並預先評估假設這房子賣不掉，如何透過收租還銀行貸款，讓金主不至於賠錢，專業程度幾乎可以媲美代銷公司。

最後在我的堅持和努力下，終於得到好消息。我聯絡的第三個投資人陳先生，願意一人出 200 萬元投資這個案子，這是我成功募得的第一筆資金，也順利完成交易。兩年後，這個案子順利賣掉獲利。而且，有了這次成功經驗，之後要說服別人投資我，已經不像第一次那麼困難了。直到現在，我還是很感謝陳先生當時的信任，願意給我機會。

募資的第一步——把想法告訴身邊所有人

在這一段尋找資金的過程中，我養成一個習慣，會把想買房子的想法，分享給我接觸過的每個人，讓大家對我留下印象。如果這個人不想參與，我就去問下一個，反正，總會遇到能認同我又願意出錢的人。我常在定期聚會時，分享募資買房的構想，也會與同事或朋友，聊一聊我對房地產的看法。在我還沒正式購屋前，就已經與超過 100 個人分享。除了口頭說明外，我還會把我的想法製作成企畫書，向有興趣的人解說。

當然，募資並沒有想像中容易，畢竟要把這麼大一筆金額，交給素昧平生的人，誰都會猶豫。現在仔細思考，當初能成功募到錢，正是因為我認真鑽研相關知識，讓其他人看見自己的熱情與堅持，才能給人深刻印象，並願意信任我。

他們聽我說得多了，會漸漸對我的提案產生興趣，如果手邊剛好有可挪用的資金，就會開始詢問我相關的投資計畫及細節，這正是我手中沒有錢、卻能買房置產的決勝關鍵。

想增加說服力？讓專業證照為你加分

在大三升大四的暑假，看著同學都埋頭準備研究所考試，或準備面試推甄，班上瀰漫著一股讀書風氣。反觀自己卻一頭熱地在工作賺錢，讓我也開始思考，是否該利用大學最後這段時間，為未來做準備。

後來，受到同學的影響，我報考不動產經紀人考試，希望透過這張證照，給人更專業的印象，對我的募資買房計畫也會更加順利。

為了這人生中的第一次國家考試，我特別報名補習班函授的專業課程，當時的我是三頭忙，一邊工作一邊兼顧學校課業，還要抽時間補習，幸好可以自己選上課時間，才得以兼顧。回想當年準備經紀人考試時，每天都要背一堆條文法令，但令人驚訝的是，從小不喜歡讀書的我，竟然沒有感到一絲無聊，反而覺得每天都過得很充實。

放榜時，我如願考取不動產經紀人證照。後來，每當與大家分享對房市看法時，明顯感覺到金主對我的信任感提升了，對我提出來的觀點更感興趣，甚至進一步提出問題與我討論，讓我的自信大增。

> **獲利關鍵**
>
> 我用經營公司的概念，把願意拿錢出來投資的夥伴當股東，之後與他們談條件並分享利潤，就能解決資金不足的問題。

第三節

募資金主不能來者不拒，
設定門檻才能找對人

　　前一陣子，阿里巴巴創辦人馬雲來台與青年學子對談。他鼓勵年輕人勇敢踏出舒適圈，並接受挫折，帶入一股創業旋風。實際上，阿里巴巴集團建立之初，也是透過創投募集大量資金踏出第一步，經過數年後發展成為全球電子商務集團。

　　現在台灣也有許多新興的群眾募資網路平台，讓年輕人能透過群眾的力量圓夢。然而，募集資金其實有很多種方式，像是企業發行股票讓投資人定期獲利、領股息，或以專門類型的個案做個別募資等，都是募資的途徑。每種方法都適合不同的商業模式，而我操作房地產，就是用專門類型的個案，做個別募資。

　　因為每個案子的產品總價都不同，操作的資金也有大有小。例如，投資公寓、華廈的資金（以中壢區來說，大概需要 200 萬元），就會比投資透天、店面的資金（中壢區約需要 500 萬）少，需要整修裝潢的費用，也會因物件本身的條件而定。

　　因此，我會先估算出一個案子大概需要注入多少錢，再召集金主出資，自己則擔任專業經理人的角色管理物件、確保獲利。這有點像是操作股票、債券的基金經理人，只是把投資標的換成房地產。

五個核心要素，決定成功機率

很多人很好奇，為什麼我才二十幾歲，可以做到這麼大筆資金的運作？其實我最近才剛成功向一位金主募資，而且只花了20 分鐘。

那天，我在學校的咖啡廳內，看到一位之前認識的學長，他本身從事創投，於是我主動向他打招呼。學長問我：「最近在忙些什麼呢？」我告訴他目前以募資形式，做房地產投資。學長本身對投資理財很有興趣，所以他很專注地聽我分享最近買到的物件，及看了哪些房子，我們也聊了近期大環境對不動產的影響，還有對未來房市的看法。結果，學長當場把電話留給我，約好下次碰面要更深入談如何合作。

在募資過程中，我歸納出五個核心要點，只要你能抓到這幾個重點，就能降低入門的障礙，成功籌到第一筆資金。

一、了解募資對象對財務知識的敏感度：

什麼是財務知識？就是擁有相當的投資風險概念、財務槓桿、對房地產有一點基本認識，這部分可以從彼此對談中窺知一二。例如，可以向對方提出房價下跌時的管理方式，看看他的反應是焦慮，還是能提出解決的辦法。或是詢問對方過去的投資經驗，從他的處理方式，多少能了解對方對財務知識的敏銳度。

其實對我來說，讓別人入股投資，我們必須承擔的風險比入資者還要高，因為我的團隊投入大量的時間和專業，尋找值得投資的物件，並且負責規畫整個物件的投資計畫、管理方式，若遇

到金主臨時把資金撤回，我就得負責善後，常常因此搞得人仰馬翻。

我就曾經讓一位對投資理財有高度興趣、但財務知識幾乎是零的人入資。結果，在合約期間，他對任何狀況都非常焦慮，若進度稍有延遲或與企畫書上寫的不一致，他就會非常擔心，並緊張的問我問題。我必須花很多時間向他解釋，即使當下安撫了對方的情緒，但過沒多久，他又會開始擔心。我才了解對於沒有基礎財務知識的人，幾乎無法正確判斷投資狀況，即使跟他解釋得再清楚，也無法讓對方放心。有了這次經驗後，我很注重入資者的財務敏感度，避免雙方浪費時間。

二、你的專業程度：

在幾次成功的案例中，我發現當自己能回答對方越多問題，就越能快速說服投資者出資，當然，這方面需要具備專業的房地產知識，還要看你功課做得夠不夠深。

例如，一般投資人最常問的是：這物件的特色是什麼、投資報酬率多少、房價下跌時怎麼控制風險等，當然最好以類似的產品做比較，或是舉幾個過去成功的案例解釋，會讓對方更能信任你的專業。

三、表達能力：

在溝通過程中，表達能力也很重要，若只是針對手上的企畫書講解，合夥人通常都興趣缺缺，因此，我會善用過去的經驗，加上肯定的口吻，讓對方放心把錢交給我。

四、投資報酬率清楚明確：

每次向投資人解釋案件時，我一定會先把目標說清楚：「我預計以 200 萬元進這個物件，加上裝潢及其他雜支，成本約 330 萬元，大概三年後以 8% 的投資報酬率賣出，估計能獲利 100 萬元。」此外，我會以時間軸的方式，拆解自己會如何達成階段性目標，比方說告訴金主：「我預計民國 103 年 3 月買進物件，4 月完成裝潢開始招租。」通常這樣說，對方都能很快理解。

五、信任感：

管理學專家曾仕強教授曾說：「一個人最值錢之處，就是他是否值得信任。」在募資過程中，我覺得能否讓金主相信我，占了50% 的成功關鍵。而信任感的來源，就看你是否能做到上述幾個核心要點。對我而言，預防合夥人臨時撤資是必須控管的風險，而這種風險往往與信任感成正向關係，所以我非常注重每個承諾，畢竟遵守承諾的人，才能取得他人的信任。

除了以上五點之外，多參加各種分享會、投資講座，也是開發人脈、募集合夥人不可或缺的動作，畢竟，人脈就是資金來源，但若找不到人，即使有再強的專業及好物件，少了錢還是萬萬不能。

遇到股東臨時抽資怎麼辦？

找資金時，除了需要一份好的企畫書外，我認為篩選募資對象，也是非常重要的一環。我通常會以三個要素，檢視對方是否適合成為合夥人：

一、投資的錢必須是閒錢。

二、具有一定的風險認知能力。

三、具有一定的風險承受能力。

從過去的經驗中發現，一個案子是否能獲利，合夥人的心理素質往往是關鍵，如果對方今天拿出來的是生活費，他會很著急地想要獲利，一聽到目前賠錢，通常會很焦慮，或是很快就決定撤資，這都會增加我的風險，並影響其他合夥人的獲利。

▶圖3-4　股東要具備的三個基本條件

基本條件	原因
一、投資的錢必須是閒錢	入資百萬對我們來說算是基本的門檻了，故我們只接受入資者用閒錢投資，這樣的投資者抗壓性較高，較不容易突然撤資。
二、具有一定的風險認知能力	有財務槓桿、房地產、風險的基本概念，最好有過實際的投資經驗。
三、具有一定的風險承受能力	到了預定的時間物件賣不掉時，是否能投入更多時間等待好價錢，或能接受以成本價賣出。

因此，我在找尋募資對象時，通常都會找有閒錢的個人投資者，且募資的方向也盡量以金額大、股數少為主，例如，**一個案子我會盡可能控制在三個出資人以內，並且會在合約上列出若要**

中途抽資，只歸還本金，還要給予一定的期限，讓我們有時間能找到填補的資金。

讓金主離不開你的讓利學

通常，一個案子中的合作對象又可以分成兩種人：

一、有控制、處理權的專業合夥人（一般合夥人）。

二、只出錢，完全不管事的資金投資人（有限合夥人）。

簡單來說，專業合夥人負責管理所有與物件相關的事，比如說：發掘物件、監管裝潢進度、募集資金等，只要能達到企畫書上預期的報酬標準，就能抽取全部利潤的部分比例作為獎勵，像我就是屬於專業合夥人。

相對之下，資金合夥人就是只出資，不參與任何管理工作，等物件賣出獲利後，可按投資比例分得獲利。

聽到用募資方式買房地產時，一般人第一個想到的問題幾乎都是：「房子該登記在誰的名下？」我的操作模式，**會把房子登記在資金合夥人名下**，若資金合夥人有許多個，只要經過各方同意後，**登記在其中一人的名下，再用預告登記或設定抵押權，確保其他合夥人的權益。**

至於稅金的部分，因為算在即有購屋成本中，等於由所有參與的股東平均分擔，因此也比一個人投資房地產付出的成本低。

▶**圖3-5　募資案件中兩種合作對象**

類型	特徵	獲利方式
專業 合夥人 （一般 合夥人）	有專業能力，但不見得會拿錢投資。負責控制、管理物件進度的合夥人，如協助管理套房、監督工程進度等。	從獲利中抽取固定比例的利潤，再平均分配。若整個案子獲利 100 萬元，管理團隊抽 2 成利潤，再將這 2 成平均分給專業合夥人。
資金 合夥人 （有限 合夥人）	只出錢，不參與管理工作者。	按投資的比例分得利潤。若拿 100 萬投資 200 萬元的案子，物件賣出淨賺 100 萬元，就可以拿回投資的本金加上獲利共 140 萬元（扣除管理團隊兩成的服務費）。

　　至於大家最好奇的如何分配利益，我的做法也很簡單。一開始我會先把預期獲利寫在企畫書上，只要達到獲利目標，將物件賣出後，就會結算所有利潤（含租金在內，扣除買物、裝修及持有成本的淨利）分配給各個股東。

　　比例上來說，若專業合夥人兼資金合夥人（出錢又出力），能得到的利潤就會比較多，只有出錢的資金合夥人，就按出資比例拿回本金與獲利。

投資入門

預告登記：是為保全關於不動產物權的請求權，將此權利向地政機關申請登記。當事人約定買賣房屋或轉讓其他不動產物權時，為了限制債務人處分該不動產，保障債權人將來取得物權。

如在商品房預售中，購房者可以就尚未建成的住房進行預告登記，以預防開發商把已出售的住房再次出售或抵押。登記名義人可繳相關文件及登記同意書委託他人辦理，但仍應持身分證正本親自地政事務所核對身分。

設定抵押權：抵押權主要是針對不動產設定。若在同一標的物上，設定多重抵押時，各個抵押權人要行使權利，則存在著先後順序之分。順序在先的抵押權人，具有優於受償的權利。由權利人同義務人一起，向不動產所在地的地政事務所申請抵押。

以現金股數（所需現金）200 萬元的案子為例，若合夥人拿出 50 萬元，待物件賣出後淨收入為 100 萬元，這時合夥人除了拿回本金之外，就能再拿到 20 萬元。

資金合夥人（有限合夥人）的獲利公式：以現金股數200萬的案子為例，若資金合夥人拿 100 萬出來投資，他持有的股份比例即為：

$$100／200 ＝50\%（持股占比）$$

　　此案最後淨賺 100 萬元，扣除專業合夥人兩成的管理費用
（視案件而定，兩到四成不等）：

> 100 萬－100×0.2（兩成管理團隊服務費）×50%（有限合夥
> 人股份占比）＋100 萬（有限合夥人投入本金）＝140 萬元

　　而我之所以零頭款卻能快速累積到現在 30 間套房，最大的
關鍵就是我懂得「讓利」。假設一個案子能賺 100 元，我只會拿
30 元，剩下的就讓投資人以投資資金的占比分配，這樣看起來
我好像付出最多、獲得最少，起初還被其他朋友罵笨。

　　事實上，這就是我能在短時間內購入大量房子，以及資金源
源不絕流入的關鍵，因為我雖然只賺 30 元，卻能吸引更多人出
資，我就能買進更多物件，用最短的時間滾出更多房。

獲利關鍵

挑選募資對象時，我會確認這三件事：

一、投資的錢必須是閒錢。

二、具有一定的風險認知能力。

三、具有一定的風險承受能力。

此外，一個案子我會以三個金主為上限，以便控管風險。

第四章

自住、投資？ 鎖定目標滾出你的 獲利模式

第一節
房地產類型大剖析

很多人把買房當作人生中的一個重要里程碑，一般人較常接觸的房地產產品是：預售屋、新成屋、中古屋……。廣泛來說，每種產品都各有優缺點。

自住考慮新成屋，投資要挑中古屋

第一種是**預售屋**，它的優點是需要準備的自備款（現金）較少，後面工程款的期限較長，通常一間房子蓋好需要二至三年，可以有較多時間準備資金，若環境出現有利的變化，如：蓋捷運、出現商圈等增值效應也較高。

不只如此，預售屋的財務槓桿較高，即能用小資金換大錢，也可能只需要自備 30 萬元，不到半年時間就能賺到 30 萬元以上的報酬（業界所謂的「賣紅單」、「炒樓花」），獲利是用「倍」來計算的，**增值幅度也是所有產品中最大的**。比方說，代銷公司或建商每賣 10 戶後，每坪的市值就會漲 5,000 元到 1 萬元不等，此時就可以售出。

預售屋還有一個特色，就是自住者可以挑你想要的樓層與景觀，全新沒有人使用過的屋況，會讓人不自覺的對未來充滿期待，缺點是一旦預售屋變新成屋後，開始還貸款繳利息時，就是

重擔的開始。尤其對投資客來說，在市場不明朗、景氣不好的情況下，每月交的貸款如果無法用租金平衡，就很有可能被斷頭，以賠錢收場，因此，大多數投資客會在交屋前，提前獲利了結。

第二種是**新成屋，這是最少人選為投資標的**。因為房子要賺的價差已經被之前預售時賺完了，每坪的單價也被墊高，剛買時還得立刻付出一筆頭期款，再加上每月要繳的利息，若要出租又要先買一些家具家電，所以這項產品賠錢的機率比其他產品高，但很適合自住的人。因為可以看到既有的成屋結構、設備、格局，會比較安心。

第三種是**中古屋**，是這幾項產品裡投資風險最低的。因為總價沒有預售和新成屋高，再加上可以接手現成的家具家電（通常，賣方換房的家具家電會留下居多），直接可以收租的機率高，如果你能買的比市價低一到兩成，就是還不錯的投資產品。

缺點就是需要的現金較多，因為屋齡老舊，有許多瑣碎的問題要處理，像是多花一筆預算重拉水電管線、油漆，或是換新的家具家電等。

除了以上三種較常見的類型，還有一種是現在很受單身男女、小家庭喜愛的獨立套房。一般銀行認可的獨立套房（有獨立門牌），能貸的成數較低，而 **10 坪以下的產品更難貸款**，很多銀行甚至直接拒絕，即使銀行願意承辦，獨立套房多半只能貸五到六成，因此，投資人需要準備的現金，將近買價的一半。

至於所謂的出租分割套房，是用一層公寓、華廈，分割出數

間獨立套房（共用門牌）。分割套房每月收的租金，通常能負擔貸款，風險比一般中古屋又更低。不過，分割套房要處理的雜事更多，例如：維修家電、管理租客，還要計算折舊成本，所需的工程款（現金）也是最多的，加上裝潢工程期較長，至少需要六個月以上，因此周轉率又比一般的中古屋、預售屋來得慢，增值幅度也是所有產品中最少的。

我的房地產投資概念──資本利得＋現金流

房地產投資有很多不同的方式，最佳的投資策略，就是每個人依據自己的狀況，選擇適合的標的。例如，有些人只是因為手邊有閒錢想投資，買了之後也沒多想，一放就是 10 年，沒想到默默賺了好幾百萬，這種人就很適合做中長期投資。

現在，因為奢侈稅的關係，大部分的人投資房產都必須擺二年以上。像以前超短期內買了後馬上賣的情形，現在已經減少許多，也有人買後，就專心收租，完全不管房價漲跌。

綜觀來說，透過房地產賺錢可分為以下三種方式：

一、資本利得類型：

買這類型產品的人，通常單純買入後不出租直接放著，或是裝潢整理後再賣出，獲利的公式為：

賣價－購屋成本＝獲利

投資入門

奢侈稅：台灣於民國 100 年 6 月 1 日開始實施。針對 300 萬元以上的私人飛機、遊艇、汽車等高價貨物，以及 50 萬元以上的高爾夫球證、俱樂部會員證等，課徵 10% 奢侈稅。

　　不動產方面，非自用住宅如果在一年內轉手，則針對賣方課徵 15% 奢侈稅；在一至二年間轉手，課徵 10% 的奢侈稅。

屯房稅：屬於房屋稅的衍生，是用「房屋評定現值」來算，將「非自住房屋稅稅率」從 1.2% 調高至 1.5% 到 3.6%，「營業用」則計畫從現有的 3% 上修到 5%，今年（民國 104 年）五月開徵。

豪宅稅：即為高級住宅合理加價課徵房屋稅，課徵條件為：獨棟建築、外觀豪華、地段絕佳、景觀甚好、每層戶少（採光好）、戶戶車位、保全嚴密、管理周全，符合以上八項標準的住宅大樓，如台北市對豪宅的定義是每戶總價 8,000 萬元以上，或每坪 100 萬元以上，還有每戶 80 坪以上的房子，或者符合前述條件的戶數超過七成以上，則整棟列為豪宅。比如台北市的帝寶、信義富邦、大直代官山皆屬之。

　　豪宅稅課定方式同於現行房屋稅課徵方式，其差異性為市政府對於其「街路等級調整率」加以修正，以調高路段率加價倍數的方式，調高房屋標準層單價，台北市於民國 100 年 7 月起正式課徵。

▶圖4-1　房地產的種類比較表：

產品	預售屋	新成屋	中古屋
特色	財務槓桿較高，可用小資金去換大錢。不過若放太久變成新成屋，因每個月貸款的利息加上管理費等，就有可能被斷頭或賠錢收場。	購屋人可以看到既有的結構、設備、格局，但缺乏增值空間，不適合當作投資標的。	價格與預售屋及新成屋比相對較低，可以直接收租，但因為屋齡老舊，有許多瑣碎的問題要處理，必須多準備一筆裝修費用。
自備款	1 (最少)	2	3
周轉率	1 (快)	2	1 (快)
風險性	4	5	3
增值性	1 (最高)	3	2

（各條件由優至劣以數字示之，1為最優，5為最劣）

分割套房	套房
屬於中古屋的一種，風險比一般中古屋低，但整理裝潢的時間較長，最快也要六個月才能出租或販售。周轉率相對會比中古屋、預售屋慢，增值幅度也是所有產品最小的。	受小家庭或單身族喜愛，但獨立套房貸款較困難，通常10坪以下的產品很難貸款，甚至許多銀行不核准貸款。普遍來說套房貸只能貸到五到六成。
4	4
3	4
1 最低	2
4	3

這種投資類型又可分為超短期買賣，或是長期置產兩種類型。超短期買賣通常是看當時的大環境變化，如果市場利空不斷，一定要準備足夠的資金繳貸款利息，不然很可能會遭到銀行強制斷頭，最後賠錢收場。

若以長期置產為目標的人，通常不在乎每年要繳的本金利息，只是單純地把身邊多餘的資金，投入房地產避險，等待增值空間。這是很聰明的做法，因為從歷史數據來看，只要撐得夠久，投資房地產一定能賺到錢，只怕自己撐不住，被踢出場而已。

二、現金流類型

買這類型的產品，每個月都有源源不絕的租金收入，就像把房子當成金雞母一直下蛋，這種是屬於長期收租性的投資，很多包租公、包租婆把房子當作員工，每個月靠房子創造收入。

一般產品類型有套房、店面等類型，房東只要定期去收租，就能在家數鈔票，收租型房產基本上沒什麼風險，最大的風險在於管理租客、耗材折舊成本和房屋閒置時間長短。

三、資本利得＋現金流

這是**最保守、風險最低的投資方法**，我就是選擇這種操作方法。我會買入中古屋再改裝成出租套房，每個月就會有固定的租金收入，足以支付貸款的本金加利息，擺兩三年後再賣出。萬一房地產沒漲，我就賺這二年內收的租金，如果跌了就繼續收租，直到房地產景氣回升脫手，若是房地產在這二年內漲了，租金收入就可以算是多賺到的。

這類型投資的獲利公式如下：

賣價－成本（買價＋持有成本）＋２年的租金收入＝獲利

這是個進可攻、退可守的投資模式，以中短期投資為目標，房價上漲時賣掉，下跌的時候就擺著收租。在我的經驗中，房地產有個很奇妙的特性，**通常漲的時候，短時間內會大漲，反之跌的時候，卻是緩緩下跌。**

換句話說，投資房地產有別於紙上證券，最大的優點就是如果遇到房價直落時，靜置一段時間，房價還是有可能回彈，甚至更高，但股票一旦遇到黑市，則可能一去不回頭，這也是我選擇投資房地產的理由之一。

獲利關鍵

資本利得＋現金流是最保守、風險最低的投資方法。即買入中古屋再改裝成出租套房，每個月就會有固定的租金收入，足以支付貸款的本金加利息，擺兩三年後再賣出。我就是選擇這種操作方法。

第二節

三種投資方式，
複製獲利模式

投資不同的房地產商品，會有不同的獲利模式，以下我整理
出一般人最容易入手的產品特色及投資方式，即使是新手也能快
速入門。

一、屋況好，簡單整理後直接脫手

屋況好的公寓華廈，只要簡單油漆、換燈泡、窗簾、布置裝
飾品、家具……等，通常花 10 萬元到 20 萬元裝修，就可以賣到
不錯的價錢。

二、屋況差，全部翻修後脫手賣出

有一些物件狀況非常差，例如：長壁癌、漏水、鋼筋外露
等，但也因為屋況差，你就有更大的殺價空間。買入後可以考慮
全面修改格局及重新裝潢，通常可改建成 3 房 2 廳 2 衛，或 2 房
1 廳 1 衛。較常見的做法是：重新做天花板、地板換成拋光石英
磚、廚具衛浴設備換新、水電管重拉等，這時的預算就得看裝潢
材質而定，沒有上限。

總體來說，購買中古公寓、華廈的優點，是閒置率短、若屋
況良好幾乎無工程期、轉手速度快、可申請借屋裝修（取得前屋
主同意，在所有權更換的那一個月期間先動工）。例如：以 10

萬／坪（市價 12 萬／坪）購入 30 坪二樓的老公寓，除了付仲介費 6 萬，代書稅費 5 萬，通常只要再花 10 萬元左右，簡單整理就可出售，總成本大概落在 320 萬元。

若想賺總價的一到二成，就以一坪 12.5 萬元，總價 375 萬元賣出，那麼實際獲利就是：

> 375 萬－320 萬－15 萬（仲介費）－5萬（稅費）＝
> 35 萬元（獲利）

為了保證能獲利，這種物件最多只能以市場行情價購入，千萬不要抓到行情以上。因此，以市價行情 7 折以下操作最為恰當，7 到 8 折之間都可以入手。

三、舊透天、公寓、華廈改套房收租

這類型的投資物件，最關鍵的投資指標有兩個：投報率和地段（是否鄰近學校、商圈、工業區、科技園區、人口聚集之地）；當然，改變格局要花的成本相對比較多。因此，若現在市價是 12 萬／坪，要做此類型的投資，就要買市價的 6 折到 6.5 折，也就是盡量買到 8 萬／坪。以 25 坪的物件為例：

> 200 萬（進價）＋4 萬（仲介費）＋6 萬（代書費和相
> 關稅費）＝210 萬元

若改成四間套房，一間的成本含重買家具家電，約落在 30 萬元／間，所以改成四間套房的成本就是 120 萬元，買進的總成本即為：

> 210 萬＋120 萬＝330 萬元

假設一間套房可租 6,500 元，那麼四間套房的租金收入即為每月 2.6 萬元，每年租金收入就有 31.2 萬元，年化投資報酬率為：

> 31.2／330＝9.45％

如果把此物件以 7% 的年化投資報酬率，賣給想當包租公的投資人，理想的售價即：

> 31.2 萬（年租金收入）／0.07（年化投資報酬率）＝
> 445 萬元（售價）

獲得的利潤就是：

> 445 萬－330 萬－17.8 萬（仲介費）－10 萬（代書加上
> 相關稅費）＝87.2 萬元

▶圖4-2　三種常見的房地產獲利方式：

房地產類型	運作方式	購買時的注意事項
公寓、華廈屋況好	簡單裝潢即可出售。	以市價行情 7 折以下操作最為恰當，7 到 8 折之間都可以入手。
公寓、華廈屋況差	全面修改格局及重新裝潢再賣出。	
舊透天、公寓、華廈改套房	重新隔間，可收租獲利，亦可賣投資客。	為了保證獲利，建議以市價的 6 折到 6.5 折購入。

別人眼中的廢墟，如何把它變黃金？

房地產的價值除了專家都在講的「地點」占 70％ 外，剩下的就是周圍的環境，以及附近的重大交通建設，這部分占了 20％，最後剩下的 10％，就是我們能著手改變的部分了。

什麼樣的房子都有人買，就算格局不夠方正，只要靠後天的修飾與裝潢，還是能把別人眼中的缺點變優點，美化修正後讓物件增值。

我曾經看過投資前輩賴大哥裝潢的作品，他剛買的時候，我真的無法想像怎麼會有人要買那種房子。

那間房子在中壢區，靠近後火車站的華岡街巷子裡，是一間

位於四樓的公寓，不只樓梯間髒亂不堪，連大門都沒有，小偷隨時都可以進來光顧，公共空間還到處都是垃圾、紙屑，並擺放著報廢的腳踏車、機車，像個垃圾場一樣，樓梯間的牆面上都是壁癌、漏水的痕跡，鄰居的鞋也隨便亂擺，看起來非常不舒服。

一進到屋裡更是大吃一驚，從來沒有見過房子格局長這樣，屋子的東邊和南邊角落竟然是尖的，房子的中間還有幾根柱子，這在風水上非常忌諱。整個房型連個完整直角都沒有，此外，只有一面採光，走到後面不開燈就幾乎看不見，活像是個廢墟。

這種房子居然也有人敢買？我看完房子不自覺頭痛起來，到底要用什麼辦法，才能把這間房化腐朽為神奇，還能轉手賣出？沒想到賴大哥一派輕鬆地說：「像這種房子一定沒有人要買，當然就沒人跟我搶，所以我只出 100 萬元，就買到 24 坪的公寓了。」

我聽到時也很傻眼，這價錢在這個區塊算是非常便宜，等於一坪才 5 萬（民國 100 年），又離火車站很近。賴大哥說：「這時我會來個腦力激盪，只要能處理的問題都不是問題，除非是不可抗力的因素，像是凶宅、輻射屋、海砂屋等，到時你就等著看我的傑作吧！」我看賴大哥信心滿滿的樣子，更期待他會把房子改造成什麼樣子。

三個月後他再次帶我去參觀時，根本像一間新成屋，很難想像它之前破爛不堪的樣子。不僅有新的大門，樓梯間的垃圾堆、廢棄的摩托車、腳踏車都不見了，公共空間的牆面還特地請人重新粉刷了一遍，燈泡全部換新。這還不打緊，賴大哥竟然貼心到

▶圖4-3　善用巧思，破爛屋也能賺百萬

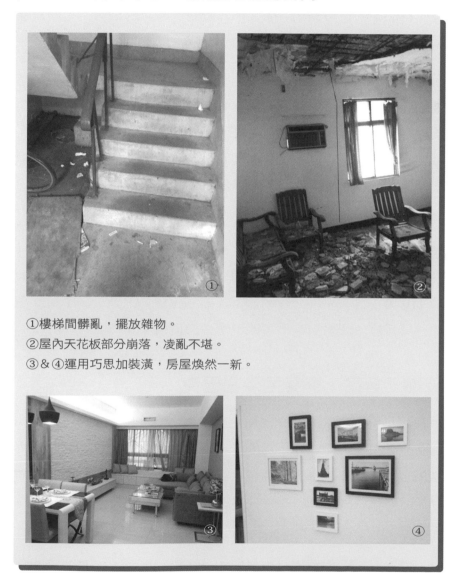

①樓梯間髒亂，擺放雜物。
②屋內天花板部分崩落，凌亂不堪。
③&④運用巧思加裝潢，房屋煥然一新。

買鞋櫃送鄰居，也因此跟左鄰右舍培養出良好的關係。走到四樓時，真的讓我眼睛為之一亮，賴大哥裝了嶄新的鍛造門，而且還使用最安全的高科技密碼指紋鎖，讓我大開眼界。

至於最讓我好奇的格局問題，賴大哥用創意巧思，把尖的格局做成隱蔽式的儲藏空間和客室的衛浴，巧妙地把主臥和客廳都隔成正方形，柱子的部分也用裝潢修飾。內部的櫥窗櫃、窗簾、地毯和沙發，還特別用比較溫馨的配色，看起來非常舒適。不只如此，他還擺上一些充滿藝術氣息的畫和擺設，令我讚嘆不已。

這個物件就這樣經過賴大哥的巧手改造，從原本破爛到讓我驚訝、到後來讓我驚豔的作品，最後，他以 350 萬（已扣賣除仲介費 2%，14 萬）賣出。粗估裝潢成本可能要花 100 萬元，買價 110 萬（含 2% 仲介費和代書等相關稅費），至少賺了 130 萬元，這是我一開始根本不可能預想到的價格。

破爛三角窗，變身國際星巴克

仲介曾告訴我，有投資客專門以低於市價 6 折收購凶宅（非自然身故的房子），再花幾萬塊請法師來做法，之後以市價 8 折賣給一些不在意的人。雖然這不是大眾市場可以接受的產品，周轉率可能會長一些，但只要比行情便宜，還是有人因為便宜願意買。

就像租房子一樣，月租行情 5,000 元的房子，因為凶宅的關係，若租金降到每個月 3,000 元，還是會有人承租，同樣在福地、加油站、電線杆、高架橋等嫌惡設施旁的房子，雖然很多人

不喜歡，但只要能用合理的價錢，把房子的缺點修飾掉，那麼這間房子的價值也會隨之提升。

我還曾問過土木師傅，海砂屋究竟能不能解決，師傅直接地跟我說：「只要錢夠當然可以，全部打掉重弄就好啦！」師傅說的也對，只要買的價錢夠低，花一筆錢重蓋一層，等於是在買土地價值，還是會有合理的利潤可賺，就看你有沒有能力，或心理可不可以負擔得起。

曾有一個朋友與我分享因為創造出價值，就能讓整個房地產價格大幅提升的例子。當初，有一間台北市區二樓的三角窗店面，荒廢已久要出售，屋主是以 1,200 萬元買下一樓的店面，就在一樓賣批發服飾，之後有一個眼光深遠的投資客大哥，看準了這個地段，花了較低的價格買下二樓整層，之後再請仲介幫忙，與一樓服飾店的屋主協調，要買下一樓店面。

結果，一樓的屋主獅子大開口，開價 3,000 萬元，但那位大哥毫不猶豫，直接用 3,000 萬元買下一樓店面，也請原來在賣衣服的業主搬走。當時他還被大家嘲笑了一番，居然完全沒殺價就直接出手。

之後，那位大哥把一二樓全部打通，並做成了內梯，水電管線整個重拉，全部完工之後開始招租，當時剛好有幾個大品牌量販的文具店、藥妝店有興趣要承租一二樓的物件，最後竟然是國際級的星巴克租下，價值瞬間翻了好幾倍，周圍的房價也因為品牌效應增值，最後賣了 8,000 萬元。粗估這個案子，那個大哥最少獲利 3,000 萬元。

聽完這個故事，我才真正體會到，什麼樣的產品都能創造出利潤與價值，端看你的眼光與經驗，能不能在短時間內決定，並快速解決問題而已。通常房子的問題越多，只要你都可以解決，能獲得的回報與利潤就會越大，這是房地產界不變的真理。

獲利關鍵

通常解決的問題越多，能獲得的利潤就越大，這是房地產界不變的真理。

第三節

自住兼投資？
你一定買不到房子

因為工作的關係，我經常與房仲聊天，他們會和我分享客戶的各種問題，最常見的就是，買方連自己要找什麼樣的物件都不清楚。

舉個例子，當仲介問客戶想要找哪種類型的房子時，買方回答：「我要找新北市地區，總價低於 1,000 萬、三房並附帶車位的房子。」仲介聽了之後，繼續問：「是要自住還是投資呢？」對方回答：「自住兼投資。」通常這樣回答，一定找不到標的，因為可以選擇的範圍實在是太大了。根據買方的條件，可以買五股、淡水、樹林、鶯歌……找都找不完，再加上任何的產品類型他們都可以接受，仲介還真的不知道要從哪帶看起。

每每遇到這種客戶，仲介都要花很多時間旁敲側擊，了解買方真正想要的是哪種產品。為了節省雙方的時間，我通常會把想要買的房屋種類，具體描述出來，而且越清楚越好。

比方說，我會先選定屬意的區域，範圍大概多大，當我去店裡和仲介接洽時，就會從背包裡拿出市區地圖和筆，把中意的範

圈圈出來，讓仲介一看就知道我想找哪個區塊的物件。

接著，我會把需求很清楚地說出來，例如告訴對方：「最好是在哪兩條街附近的華廈或公寓，屋齡在 20 年以下，不要頂樓、路沖的房子，車程 10 分鐘內到火車站、大賣場、捷運，附近的生活機能便利，最好是鬧中取靜，還有公園可以運動的地點。」

千萬別以為要求這麼多，仲介會把你當奧客，事實正好相反，當你能講得越清楚，仲介越能從眾多的物件中，挑出適合你的產品，節省雙方時間。

不過，要記得世上沒有完美的房子，如果有，那一定很貴。因此在列物件前，最好找出自己最在意的前五大需求，之後再慢慢篩選，這樣一定會遇到 80 分以上、讓你滿意的物件。

圈區塊、挑環境，找出自己的五大需求

接下來，我示範一次自己挑選物件的流程。基本上，我會先畫出屬意的區塊，再來挑產品類型，最後才篩選周遭環境及房屋格局，然後列出自己的五大需求，如：

1. 離火車站、捷運 1,000 公尺以內的距離。（位置）
2. 屋齡 20 年以下的房子。（屋齡）
3. 樓層 5 樓以上。（類型）
4. 500 公尺內要有可以運動的學校或公園。（其他需求）
5. 要有前陽台。（其他需求）

▶圖4-4　仲介常見的提問重點

問題	回答
1. 買房動機	自住、投資。
2. 物件類型	新成屋、中古屋、華廈、公寓、套房；幾房幾廳、是否需要車位等。
3. 屋齡	幾年以內？
4. 預算	如：含車位總價不超過 800 萬元。
5. 位置	鄰近哪個商圈？在哪幾條街的交會處，建議拿出地圖直接圈給對方看（如圖4-5）。
6. 其他需求	視自己的居住需求而定，如：不要頂樓和路沖的房子、離火車站約 10 分鐘車程。

▶圖4-5　直接把屬意的區塊圈出來，加速篩選物件

　　如果對於想投資的區域不熟，建議可以先找出該區域的指標型社區。這種社區的戶數約在 50 到 150 戶之間，並且屋齡不會超過 25 年，附近的生活機能非常完善、住戶品質高，很少人願意割愛釋出，同樣的價格也是區域內較高的。

　　若是無法找到指標型社區的物件，可以先去仲介店，請不動產專員介紹，幫你找出每一個地區的指標型建案，再以指標社區為中心，以同心圓向外擴張 500 公尺內的房子，都是值得投資的物件。

　　因為居住在這個範圍內，可以與指標型社區的住戶享受同樣的生活環境、交通建設，而且價格會親民許多。依照經驗來說，指標型社區附近的產品類型，大都為 20 年左右的華廈和舊公寓，說不定還能挑到，不需要花太多錢裝潢整修的物件。

　　以中壢地區為例，在中壢 SOGO 百貨附近的海華特區，最知名的指標型建案就是海華帝國、海華大地等大坪數豪宅社區，附近 500 公尺內，就有很多中古的華廈，可以用相對較便宜的價格買到精華區地段，像是美麗宮廷、宮廷樂章、哥德宮廷等社區，屋齡約在 20 年上下，坪數較接近一般家庭需求。

用三個指標，找出超值地段

　　投資房地產的標準有千百種，每個產品的操作方式也不同，如：農地建農舍、建地蓋房當個小建商，商辦大樓裝潢一層樓做成觀光用的商用旅店，或是一般大眾普遍能接受的住宅商品。

　　無論是哪一種商品，房地產最重要的還是「地段」，一旦選錯，通常都是賠錢收場。因此，我特別整理出三個快速篩選地點的標準，讓經驗不足，或對即將投資的區域不熟悉的人，也能避開風險，挑到好物件。

　　以我為例，我買的第一件不動產「元智一號」，屋況糟糕到連原屋主都不想處理，直接擱置在那裡也不收租，入手時整間房子就像個廢墟，我不但要處理漏水、壁癌、牆壁發霉等問題，還得處理破舊不堪的家具家電。

　　但我一看到這個物件時，就了解這是個好地點，因為這間房子位於中壢工業區附近，這一帶人口眾多，加上離火車站只要 5 分鐘車程，附近還有商圈、學校，本身的交通建設和生活機能都很完善，也有像是大賣場、星巴克、麥當勞等……，大型品牌連鎖集團進駐。

　　至於房子內部的問題，我早已在腦中盤算好該如何解決了。加上我當時從事租賃工作，很了解那附近的租金行情，也知道怎麼樣的地點、什麼樣的房型及格局，可以提高租金。由此可知，選擇自己熟悉的區塊，也是降低風險的辦法之一。

　　話說回來，若是對市場不太了解，又不熟悉即將投資的區域，那麼，建議你用以下三個指標，快速篩選出好地點。

一、附近是否有國際知名品牌進駐
　　例如：麥當勞、肯德基、星巴克、家樂福、大潤發。只要有兩人品牌進駐，就符合標準。

　　我經常用這個標準判斷地點的好壞，因為這些大品牌背後，都有很強的行銷團隊在做規畫，我認識一位國內知名連鎖企業集團的老闆，他曾與我分享，他們企業內部在評估分店地點時，都會經過專業的數據分析，以及營運的精算預估分析，再經過多次的會議討論，才決定是否設點。

　　因為像這種大型品牌企業，他們開一間分店可能需要高達千萬以上的成本，再加上大品牌很注重品牌形象與曝光度，所以挑選地點時，一定得經過重重把關。如果一開始真的不知道要怎麼選地點，建議可以使用這個評估方式，善用這個策略，就等於請來百萬行銷團隊幫你選擇好地點。

　　二、同一條大馬路（區塊內）上，有超過五家以上的仲介店

　　這個評估標準，有點類似上面提到的策略方法，也就是跟著市場敏銳度比我們高的人，幫我們快速挑選地點，尤其是大企業背景的直營品牌，例如：信義房屋、永慶房屋等。像是最近這幾年，桃園市連續開了好多家仲介店，這代表桃園地區的房市正夯，在市場景氣熱的狀況下，怎麼開就怎麼賺。

　　而且，能開仲介店的老闆，通常在房地產投資上都很有經驗。加上人往往會朝能賺錢的地方聚集，因此，當一個區域連開好幾家房仲店，就能知道這個區域，未來有很大的發展空間。

　　三、交通便利，離車站、班次頻繁的站牌 5 分鐘至 10 分鐘可到的範圍內

　　完善的交通建設可縮短人們通勤的距離，自然能把人帶進這個區域，如果周邊又有大學、工業區，就會出現人潮聚集，不只

會帶動商圈經濟發展，亦會增加居住需求，促成此區域房價穩定成長。

以中壢區環中東路上的環中商圈為例，該區域離火車站約 5 分鐘的車程，並鄰近元智大學，又有麥當勞、肯德基、貴族世家、千葉火鍋、屈臣氏、85 度 C 等連鎖知名品牌進駐，還有傳統市場、郵局、全聯，生活機能非常便利。在短短十幾年內，該區域快速發展，同一條路上出現了六家仲介店，加上未來鐵路高架化的交通建設發展，房地產抗跌及增值的可能性很大。

這些就是評估專家不斷強調的「地段」的重要性，若能挑到好地點，當房價因景氣循環下跌時，好的地點能讓你持有的物件保有一定的價值，相反地，若景氣向上爬升時，具有抗跌性的地點也有較大的增值空間。

獲利關鍵

選擇有兩家以上國際品牌入駐、同一區塊內有五家房仲店、交通便利，鄰近學校或工業區的地點，讓你的房子抗跌、好租、穩穩賺。

▶圖4-6　找出超值地段，快速篩選物件的三個指標

一、附近是否有國際知名品牌進駐

例如：麥當勞、肯德基、星巴克、家樂福、大潤發。只要有兩大品牌進駐，就符合標準。

二、同一條大馬路（區塊內）上，有超過五家以上的仲介店

特別是大品牌的房仲業者，例如：信義房屋、永慶房屋等，他們對市場的敏感度一定最高。

三、交通便利，離車站、站牌 5 分鐘至 10 分鐘可到的範圍內

完善的交通會帶來人潮，另外如果周邊又鄰近學校、工業區，更是不可錯過的好地段。

第四節
低於市價的房子，
要去哪裡找？

很多人問我，到底要怎麼做才能像我一樣，能夠挑到低於市價的房子？我認為，就是要不斷去接觸、嘗試，方法對了就會慢慢養成習慣，久而久之就像打球時會有手感一樣，下意識就能做出判斷。

同樣的，看房子也一樣，通常比較有經驗的仲介，都能快速判斷這個案子好不好賣，或是可不可以買進、有沒有獲利空間。因為他們長時間、大量地吸收房地產資訊，並看過無數的物件，慢慢就會培養出對房子的鑑賞力。

雖然我不是仲介業者，但已經養成習慣，每天一早起來，會先看一下好房網的房地產新聞、名人談房產等資訊，了解各地區有名的社區，或最近有什麼新的房地產政策。接下來，我**每三個小時就會點開 591 房屋交易網，查看有沒有新的物件**，並把蒐尋狀態調成「刊登時間從新到舊」排列，用這種方式挖掘好的投資標的及不錯的社區。

▶圖4-7　把搜尋狀態調成「刊登時間從新到舊」

　　事前的工作做好後，我就會開始約仲介看房，一天大概排兩到三個仲介，看五至六間房，每天持續做下去，經驗自然越來越豐富。或是走在路上，只要遇到代銷中心，就進去和小姐聊一聊，了解一下最近的買氣如何，新建案的行情大概是多少，比較與仲介報的新大樓、中古屋的價差是多少。掌握這些資訊後，就能加以比對、分析，抓出自己能入手的物件，價格大約落在哪個區間。

　　例如，中壢市預售屋行情，目前平均價是 20 萬／坪，10 年以下的新成屋約為 16 萬元到 18 萬元，同一個區域 20 年的中古大廈，如果可以買到 10 萬元或 11 萬出頭的價格，就會有利潤空間。

通常我在評估是否可以入手時，會用以下的條件作為簡易標準：若是遇到 20 年左右的電梯大樓，為同區域預售新成屋行情的 7 折，30 年老舊公寓為 6 折。至於透天類型的產品，要評估的面向比較多，像是地坪、建坪能使用坪數，一樓是否可以當作店面使用，這些條件都會影響房價高低。

等房子看多了，接下來就要分析，並且做好該區域產品類型的功課，決定自己要整理後直接賣出，或隔成套房出租。房市專家顏炳立曾說過：「房子的價格 70% 靠地段，20% 靠周遭環境，最後 10% 才是靠房屋內部格局。」只要做好事前調查，就能降低買貴物件慘賠的機率。

▶圖4-8　購買中古屋的三個簡易基準

產品類型	可入手價位
20 年左右的電梯大廈	新成屋或預售屋的 7 折。
30 年左右的舊公寓	新成屋或預售屋的 6 折。
透天厝	考慮地坪、建坪及是否能作為店面，價格會有所不同。

問題越多的房子，越值得考慮

一般來說，想找到便宜物件，通常房屋的問題都會比較多，這些問題又可以分成三大類：

一、屋況糟。
二、屋主欠錢，或急需現金。
三、因家庭因素急著處理房產。

不過，只要你能解決這些問題，這類型的房子通常都有極大的議價空間，能讓你省下不少成本。

我剛開始接觸房地產時，只想看看自住的房子，再看看別的投資客是怎麼裝潢的，把別人的好通通學起來，以後可以運用到自己的物件上。

我特別喜歡看屋況差的房子，並趁機問房仲，其他人都怎麼解決這些問題，或者該如何開價等。基本上，令一般人頭痛的問題如：漏水、壁癌，都只能算是小兒科而已。

民國 101 年時，我曾在中壢區延平路附近，買了一間 25 坪五樓的物件，這個物件的屋況非常差，天花板嚴重損壞到鋼筋已裸露在外，我為了解決這個問題，把七坪到八坪天花板損壞較嚴重的部分，花 20 萬左右整個挖空重蓋。

我也聽過其他黑心投資客，遇到同樣的狀況，只是簡單地粉刷一下，就急著轉手或承租出去，這樣處理收關安全，真的非常要不得。

▶圖4-9　房子便宜不外乎三種原因

狀況	需要承擔的風險
屋況糟	需要花很多時間去處理，譬如：漏水、壁癌等問題。
屋主欠錢，或急需現金	因屋主急著脫手，價格較有彈性，多半可以殺到市價的 7 到 8 折，不過，若遇到積欠銀行貸款、卡債的屋主，通常會要求全部以現金交易。
因家庭問題急著處理房產	這種多半因為離婚、家人過世而決定變賣房產。問題也比較棘手，必須注意共有物分割、債權人關係複雜等問題，可請仲介探聽，或問賣方的左右鄰居。

　　印象中看過屋況最糟的房子，是一間位於桃園市福壽街 25 坪的五樓公寓，小陳仲介告訴我：「羅先生，我報給你的這間物件，狀況真的很誇張，天花板鋼筋幾乎完全裸露，感覺快要塌下來了。」我老神在在地說：「放心啦，之前也看過鋼筋整條外露的，我都可以處理，只要價錢便宜、地點對，我就會買。」

　　後來，到現場親眼看到那個物件時，我當場楞住。我之前看過鋼筋外露的房子，通常只是幾個區塊稍微剝落而已，但是這間屋子，是整個天花板的鋼筋都露出來了，地板上遍布碎石塊。我從來沒看過損壞這麼嚴重的房子，讓我第一次不敢走到頂樓看看四周環境，若是上去頂樓，天花板隨時可能會掉下來。

之後我不死心，還是找工班來評估，發現重建一層約 25 坪的天花板，保守粗估要 70 萬元到 80 萬元，再加上裝潢和頭期款，需要的現金可能會破 200 萬元。這已經超過我能承受的風險範圍，募資的難度也會提高，因此我決定放棄這個物件。

漸漸的，我看的物件更多，開始會剔除一些條件非常差的房子，把目標鎖定於公寓、華廈等房型。不只如此，我幾乎都挑中古屋入手，因為中古屋可創造的價值較高，房屋的問題像是：漏水、壁癌、水電管路老舊等，多半只要稍微整修一下就能解決。

怕買貴，先找出當地的最低總價

我經常被問到：「為什麼很多建商或房仲的廣告，都那麼強調低總價這件事？」這是因為每個區域經濟發展以及文化，都會有各自的特色與差異，當然價格區間也會有落差，在當地都會有所謂的大眾商品，也就是大家普遍能接受的產品和類型。因此，我會建議初學者，剛開始起步時，盡量先選低總價的物件。

以台北市最精華的地段大安信義區為例，這個區域的低總價為 1,500 萬元到 2,000 萬元之間，在這區間的主流產品類型，多為大樓式的獨立套房和兩房公寓。

如果你投資的產品金額，在 2,500 萬元以上，買進後的裝潢款和利潤，初估約 500 萬元，代表這一間起碼要賣 3,000 萬元以上才能獲利。只要站在買方的角度思考就會知道，3,000 萬已經可以買此區域 35 坪到 40 坪的電梯華廈了，想當然耳，買方就可能去買其他類型的產品，你買入後想轉手就沒那麼容易了。

▶圖4-10　天花板整塊崩落，整修的難度太高

①天花板幾乎崩塌。
②地上到處都是碎石。

　　再舉一個例子，在桃園市中壢地區，普遍能接受的大眾產品，為價格區間在 600 萬元到 800 萬元，三房含車位的電梯華廈。所以，如果要投資中壢的電梯華廈，就要買總價在 550 萬元以下的物件。

　　因為買進後的裝潢款加貸款利息，大概需要 150 萬元，若把賣出的價格設定為 700 萬元，起碼要開價將近 800 萬元，最後賣出的價格才會剛好落在行情內，當然，若能在裝潢或格局上加入一些設計，增加居住的價值，能讓你的物件在價格上更具優勢。

　　如果希望降低風險，以中壢地區低總價的產品來看，價格區

間為 200 萬元到 300 萬元的三房公寓和兩房的電梯華廈，是較容易獲利的產品。因為對一般小家庭來說，這類型的產品比較符合他們的需求，價格也還在能負擔的範圍內。所以，選擇 200 萬元以下的公寓或大廈產品，風險最低。

獲利關鍵

若是遇到 **20 年左右的電梯大樓**，可以入手的價格，為同區域預售屋或新成屋行情的 **7 折**，如果是 **30 年的老舊公寓**，則是 **6 折**。

第五章

買房出租，
穩賺租金等好價碼

第一節
我從租賃做起，
只為掌握獲利模式

大二期間，因為參加每星期固定舉辦的房地產聚會，進而認識了許多志同道合的朋友和前輩，重要的是，我認識了人生中的貴人——賴先生（小賴），他當時在中壢開房仲連鎖加盟店。於是，我和另一位對房地產也有興趣的朋友，一起向小賴毛遂自薦，想到他店裡工作。

我鼓起勇氣對小賴說：「我想投入房地產，培養看屋的敏感度，即使沒有薪水都無所謂，只要能在你身邊學習就好。」好巧不巧，那時候小賴公司剛好有員工離職，於是他毫不猶豫地答應我的請求，就這樣，我開始了人生中第一份與房地產相關的工作。

短時間大量看房，練就眼力

當時，我是負責為主動來門市的客戶，尋找合適的出租物件。租賃這個行業沒有底薪，做多少業績領多少薪水。還記得剛開始上班的第一個月，我的工作就是要把公司裡所有物件的資料看完，大約有 300 間左右。每天下課後，還要親自去現場看10 間左右才能回家，正因為在短時間內大量看過不同類型的套

房,也越來越熟悉中壢市的街道。

大二的那個暑假,是我第一次完整了解這個城市的發展規畫,也因為工作的關係,讓我養成習慣,經過任何一條馬路或巷弄時,會下意識地看一下路標或門牌,記下每條街的名字,自從做了這份工作後,我到台灣各地旅遊還不曾迷路過。

直到現在,我還記得自己經手租出去的第一間套房,是在中壢區林森國小附近的志航街五樓,一間 5 坪的套房,租金是 4,500 元,租客是個廚師而且有養狗,所以能挑選的房間不多。正因為大多數房東都不喜歡養寵物的租客,篩選物件反而變得很輕鬆。後來,我推薦了一個不在意寵物的房東順利成交,拿到一筆二千多元的獎金,這是我第一次憑自己的力量賺到錢,讓我非常興奮。

從連續兩星期掛蛋,到達成 20 萬業績

不過,事情並不如想像中順利。剛開始接客戶時,我一天最多能帶到 5 組客人,每天都得在大太陽底下東奔西跑,暑假剛開始的兩個星期,我起碼帶了 30 組客人看房,但一組都沒成交,當時的心情真是差到極點。

換句話說,這段時間我不但沒賺錢還倒貼,除了投入大把時間,還花了幾千元的油錢。想到同學暑假都出國度假、出去玩,我每天累個半死卻做不出成績,讓我一度有了想放棄的念頭。

後來連老闆都來關心我的狀況,我也一直思考,自己做事的

方式到底哪裡出問題。最後，我把帶客人看屋遇到的瓶頸都寫出來，例如：解說不夠專業、無法掌握客人需求、花太多時間在折返上等，並將問題整理在一張紙上，接著開始從小細節著手，學習如何篩選客人、更有效率地安排時間，以及學一些銷售的話術引導客戶。

終於，到七月的後兩個星期，我像中樂透一樣，幾乎天天成交，還創下一天最高成交三組客人的紀錄。老闆那一陣子更封我為「租屋小王子」，因為光一個暑假，我就幫老闆賺進二十幾萬的獲利。

多虧了這次的工作經驗，讓我在短時間內大量累積房地產的實戰經驗。也因為了解租賃的風險及眉角，我很清楚自己的獲利模式──**買進中古公寓、華廈，整間出租或隔成套房，擺放兩三年出售賺價差，期間可以出租賺房租。**

獲利關鍵

買進中古物件，整間出租或隔成套房，擺放兩三年出售賺價差，就是我的獲利模式。

第二節

鎖定目標租客，
三天就找到人入住

　　不過，當包租公看起來很輕鬆，實際上會遇到的狀況又雜又多。例如：房客要去哪裡找？什麼樣的房型比較好租？怎麼管理房客等，都是令人頭痛的問題。

　　事實上，房東最在乎的不外乎能找到一個快速、優質的房客，把房子的閒置期縮到最短。通常，房間從開始承租到租客入住，要是能掌握好時間，最快不用超過三天就可以搞定。

　　若想在最短時間內把房子租出去，就得先了解租客在意的是什麼，才能吸引到對的族群。大部分的人都有租房子的經驗，站在房客的立場，最在乎的不外乎就是：「我花錢租這間房子，到底值不值得？」

從地點找出優勢，目標族群立刻浮現

　　因此，在出租房屋時，得先鎖定目標族群。這時，你可以先分析持有物件的地點及特性，尋找合適的出租對象。例如，若你的房子在工業區，就可以鎖定一般上班族，附近有學校，就可以把學生當成主要對象。

▶圖5-1　以地點鎖定目標對象

地點	主要客群	可租價位
科學園區	收入較高的上班族、工程師。	因承租對象的收入較高，房租也可以定高一點。以內湖科學園區為例，租金行情約 7,500 元至 1 萬 5 千元不等。
工業區	上班族。	視該區域的生活水平而定。如五股工業區的租金行情約 5,000 元至 1 萬元不等。
學校	學生。	約 5,000 元上下，若有電梯、管理員的大樓式套房，租金可再提高。
商圈	新婚夫妻、單身貴族。	因生活相對便利，可租的房價也會提高，以台北東區為例，租金約在 1 萬至 2 萬 5 千元之間。

　　若出租對象以學生為主，由於大部分學生最在意的還是價錢，最好是便宜又大間，跟別人合租也沒關係。因此建議租金不要訂得太高，一般學區內的套房，租金價位約在 5,000 元上下較合理，最多不要超過一萬元。此外，離學校近、附近方便外食，也能吸引學生族群。

　　若想租給未婚上班族，因為這類型的房客有基本的經濟來

源，比較懂得享受生活，會想讓自己住的舒服一點，也更重視隱私，最好能有獨立的洗衣機和陽台，此外，裝潢與家具家電的好壞，也是影響他們承租的原因之一。

至於以小家庭為出租對象，就要觀察附近有沒有學校、補習班或幼兒園，尤其小家庭更重視居住環境，例如：出入分子不能太複雜、鄰居平常是否習慣在家裡唱歌等，皆會是他們考慮的重點。此外，住家附近有無綠地、公園能散步，是否鄰近百貨商場或量販店，都是加分的條件。

由此可知，若希望能快速出租，首先要視你的物件擁有的條件，鎖定目標族群定，把市場區隔開來，挑選自己有信心管理得宜的族群承租。

裝潢套房掌握三個重點，提高租金收入

我自己也有很多租房子的經驗，大一時，我第一次找房子，那時唯一的考量就是價錢，即使家具老舊、沒有對外窗、住在潮濕的一樓也沒關係，只要便宜、離學校近就好。大二、大三後，比較有租屋經驗，加上當時與女朋友合租，開始會考慮到安全問題，因此會找有管理員的社區，還要有電梯、環境乾淨的類型。

因為有過這些經驗，我了解到人會隨著年紀、收入條件不同，找適合自己的房子。因此，我在計畫買房收租的階段，就已經鎖定自己的目標客群，就是收入穩定的上班族，並預計每間房間租金設定在 6,500 元。

於是，當我找到物件開始整理房間時，布置裝潢上也是針對上班族設計。例如，會挑比較高檔的家具家電，採取簡約明亮的裝潢風格。在內部擺設上，除了一般的家電家具外，我一定會再多放一組沙發和茶几，燈飾則以白光主燈配上黃色光的夾層燈，再擺上一台 32 吋以上的液晶電視，營造溫馨、舒適的感覺。

此外，上班族比較重視個人隱私及衛生，所以每間套房我都會隔出小陽台，一方面可以放洗衣機，又方便晒衣服。最後，也是最重要的區域就是廁所，一定要刷得非常乾淨，空間小沒關係，但廁所絕對不能有異味。

▶圖5-2　上班族租屋最在意的兩個重點

每間套房一定要有全新的洗衣機與獨立陽台。

明亮乾淨的廁所，提高租客的承租意願。

說穿了，裝潢套房不外乎三個重點：

一、材質要一致：

建議在裝潢時，地板和家具的色調與材質，要挑選同色系並相近的材質。稍有年紀的房東，通常喜歡買堅固耐用的家具，因此很多套房從書桌、床到櫃子，都使用鐵製的，這種搭配遇到學生房客或許還能接受，但若想租給上班族，建議還是挑選較有溫度的材質與色調，例如：用深色木質地板，就要搭配淺色的木質書桌。

二、善用幾何形圖案製造時尚感：

現代人比較喜歡特別的感覺，若你希望讓自己的套房增添一些現代感，不妨加入幾何圖案的設計，比如說，以圓形配上長條鋸齒狀的擺設，就會讓房間看起來有設計感，也會給人新穎的感覺。

▶圖5-3　幾何圖形的設計會增添現代感

三、營造自然光的亮度：

若你的物件能照得到自然光，一定要盡可能突顯出來，採光不好的房間，就想辦法用燈光補強，比方說，採光不夠的地方，可以換上高瓦數的燈泡，或是加裝幾組崁燈補足，顏色部分最好以黃光配白光，照出來的燈光會較接近自然光的亮度。

只要能掌握以上三個重點，再找到目標客群，根據他們的需求加以變化，你的套房一定立刻變成搶手物件。

善用資源，大量曝光省力省錢

自從從事租賃工作後，我接觸過上百位房東，發現令房東最困擾的問題，就是缺乏找房客的管道。

在以前資訊較不發達的年代，大家不外乎貼小蜜蜂、章魚腳（見圖5-4、5-5），現在有些房東還會這樣做來吸引租客，但這通常只能吸引經常在附近出沒的人，效果比較差。

除了傳統的土法煉鋼外，其實還有其他更有效率的廣告管道，例如：在學校布告欄、社區布告欄貼廣告，或徵得附近店家同意，貼在店家的廣告牆上，也可以請警衛、管理員幫忙。

絕大多數的平台基本上都是免費的，普遍來說，有八成的房客會從網路找訊息，因此，透過網路散布租屋訊息也能有不錯的效果，像是：591 房屋交易網、好房網、樂屋網、台灣租屋網、ptt 的問板或各區域的網站（如桃園板）、各大學的 bbs 等……，都是很有效率的平台。

▶**圖5-4　違法張貼的小蜜蜂**

▶**圖5-5　房東自製的租屋廣告章魚腳**

目前，只有在 591 房屋交易網貼廣告要收費（普通會員 30 天收費 200 元，需手動更新資訊；VIP 會員 30 天收費 600 元，會幫你自動更新租屋資訊）。

投資入門

小蜜蜂、小章魚：指房仲業者或房東自行製作的廣告文宣，一般貼在電線杆上或放置路邊，但如果任意張貼，經查獲依違反《廢棄物清理法》告發，可處 1,200 元以上、6,000 元以下罰鍰。若違規行為人經查證，具有不動產經紀業營業員身分，可以違反不動產經紀業管理條例，重罰 6 萬元以上、30 萬元以下罰鍰。

靶機：房仲為避免被環保局取締罰款，故用來陌生開發，留在小蜜蜂上的電話號碼，通常是可以被隨時停話的，因此稱為靶機。

守現：直接到欲租售或已經要租售的屋子現場駐點，親自面對人群服務。

▶**圖5-6　可張貼租屋廣告的網路平台**

網站名稱	網址
591 房屋交易網	http://www.591.com.tw/
好房網	http://www.housefun.com.tw/
樂屋網	http://www.rakuya.com.tw/
台灣租屋網	http://www.twhouses.com.tw/
ptt	bbs://ptt.cc

以下，我再提供五個較有效率的廣告曝光管道：

一、到學校的外宿網登記，因有消防合格檢驗認證，對學生來說比較有公信力及保障，家長也比較放心。

二、在市公所或區公所的公布欄上，租一小塊廣告，每月的廣告費不會超過 100 元。我通常會挑選人潮最多的地方，越多人的地方代表機率越大，建議選擇在商圈附近效果最好。

三、直接委託專業的租屋管理公司。尤其是對於距離較遠的房東來說相當方便，這樣你就不用跑東跑西，而且與房客打一年的租約，就付給租屋管理公司一個月租金當作服務費即可。不只如此，出租後租屋公司會幫你管理，能省去許多麻煩。但前提是，必須找風評好、自己可以信任的。

四、找親友或管理員幫忙。通常是請社區管理員多幫你留意，如果有人經過詢問時，讓他知道你的房子在招租，等事成之後記得給個小紅包或禮物答謝對方。或是有人要看房時，請其他房間的租客幫忙開門或介紹，如果有租成，可以少算一個月租金當作回報。

五、善用網路資源，鎖定目標族群常瀏覽的網站，如：學生較常上學校網站、ptt，上班族可能會上 591 房屋交易網等，再想辦法加強曝光。

除了運用大量的方法宣傳外，還有另一個幫助房屋快速出租的辦法，就是上傳房間內部裝潢的照片，很多從網路獲得資料的租客，都是被照片吸引來的。不過，若是到現場後，租客發現房

屋內部裝潢與照片上有很大的落差，大部分的人會有受騙的感覺，這樣也會影響你的廣告效果及租屋成功率。

另外，想要縮短空屋期，增加租金收入。除了鎖定目標客群與廣告外，我還有五個訣竅：

一、房客快退租的前一個星期安排看房：

房客快退租的前一個星期，先把之前留下來的空屋照片上傳到網路上打廣告，並且開始蒐集有興趣入住的客戶資料，排出看房名單，等房客退租當天，就能直接安排房客去看房，或直接與目前的房客打聲招呼，預先通知有下一位租客想要看房。

二、請原本的房客轉介紹：

讓原本的租客轉介紹，如果介紹成功就包個紅包給他，並請房客要搬走前先整理好房間，讓房間能乾淨整齊。

三、降低房價：

降價通常是最快的方法，但這是最壞的打算。因為通常房客會選擇一次繳半年租金或一年租金，換取租金上的折扣，若自行先打折，這樣就比較難與房客談長期合約了。不過，還是有房東會寧願少收一點房租，讓房間盡快租出去。如果連自動砍價都租不掉，就得花錢再次整理房間，像是整間油漆、家具家電換新，或是重新布置、改變擺設等⋯⋯。

四、鎖定在 500 大企業上班的優質租客：

通常這類型的房客能付得起較高的房租，也比較穩定，一次簽約多在一年以上，是包租公、包租婆最喜歡的族群。

五、先一次付半年或一年租客，優先給予優惠：

通常若房客能一次繳清租金，我會給予每月 500 元至 2,000 元不等的優惠。因為若能一次先收半年或一年的租金，加上押金約有將近 10 萬元的收入，這筆錢就可以拿去做報酬率更高的投資，創造出更大的獲利。

獲利關鍵

學生最在意的就是租金，最好是便宜又大間；未婚上班族重隱私，最好能有自己專屬的洗衣機和陽台；小家庭最在意居住環境，學區、公園和賣場都是考慮重點。建議把市場區隔開來，挑選自己有信心管理得宜的族群承租。

第三節

慎選租客，奧客退散

在別人眼中，我雖是一個 20 歲出頭的毛頭小子，但處理過關於租屋的大小事，還真不少。因為每天大量接觸各種租客，遇到的問題也千奇百怪，讓我練就強大的危機處理能力。

像我就曾經遇過，全身刺龍刺鳳的「大哥」來租房子，當時店裡只有我在值班，逼不得已只好上前接待。店長一開始就告誡過我，遇到這種類型的租客，通常房東不會同意，如果遇到類似的客戶得想辦法打發走。

當時，我也只能硬著頭皮帶對方去看房，帶看一兩間後，我就以沒有合適的物件為由，請對方去其他家房仲店找房子。讓我印象很深刻的是，當時那個大哥的小弟還開著 BMW 來接他，卻來找每個月租金 5,000 元的小套房。我一直想不透，為什麼一個買得起名車的人，要來租個小套房？在租賃這個行業裡，真的什麼樣的事都會發生。

租前篩選租客，避免租後糾紛多

通常房東把房子租出去，最怕遇到房客破壞家具家電、積欠租金，或是半夜帶朋友在房間裡唱歌狂歡。若不幸遇到這些狀況，房東多半也只能耐著性子處理，整個過程多半傷神又耗腦。

實際上，只要做到先「篩選租客」，就能預防這些問題發生。

一般來說，租客族群可以歸類為四大類，大部分的租屋族群，年齡會落在在 18 到 35 歲之間，下面我以較容易發生問題的租客，到優質的租客排列，與大家分享我選擇房客的標準：

一、無固定收入、看房時特別挑剔、從事特種行業、未成年者：

若遇到身上刺龍刺鳳並口嚼檳榔、從事特種行業、對房間異於常人的挑剔、沒工作、只付得起一個月押金加上一個月租金、養寵物、未成年，這些都是比較容易引起租屋糾紛的租客，建議直接婉拒承租，否則後續可能會面臨更多問題。

其中若租客只是有養寵物，其實可以在簽約前，先擬好家具家電損壞時的相關賠償事宜，就能放心出租。

二、學生：

租給學生的好處是，通常房租都是爸媽一次繳清，所以一次就能收到一學期的租金，也不用每個月去催繳房租，能把錢拿來做其他投資，以利滾利。

但缺點是學生的問題很多，常常不是打麻將影響到鄰居，就是一群人在半夜喝酒聊天，做出一些脫序的行為，衛生習慣通常也不是很好，家具家電較容易損耗。

三、月繳型上班族：

這類型的租客，都能按時繳交租金，在簽約時，也一定能拿得出來第一個月的房租和兩個月的押金，欠繳租金的機率較低。但若對方工作不穩定，或無預警失業，就很可能繳不出房租，或

突然退租。需要每個月提醒繳交房租，也是麻煩之一。

四、小家庭、台灣 500 大企業、公務員：

這些租客多半能一次繳交半年或一年的租金，是房東最喜歡的租客類型。因為職業很穩定，租約一打就會住很長的時間，能省下許多後續的麻煩，很多房間裡發生的小事情，都能自己處理，再向房東報備。若是遇到這種租客，我通常會和對方要名片，打電話確認真假，或跟對方約在公司見面，只要資料核對無誤就會讓對方承租。

當然，有很多問題是在看屋的當下無法判斷的，所以我在租屋前，**一定還會問房客三個問題**，避免日後糾紛不斷：

一、有沒有養寵物？

寵物通常會讓房間有異味，如果有養寵物，家具家電的損壞機率也會提高，所以在簽合約時，一定要先講好事後的賠償辦法。

二、為什麼要搬過來？

因為租客也許是到外地上班需要租房子，或許是想要自己有個私人的空間，也可能是之前住的房子有哪些缺失等……，如果能替對方改善房間的缺點，就可能提高房客續約的意願，也能大致了解房客的背景，篩選掉一些複雜分子。

三、大約什麼時候要搬進來？

為了確保房間的閒置期不會太長，一定要問房客大概什麼時候會搬進來。我曾遇過最誇張的是，半年前先來找房子，這樣表

示租給對方後，房間會有半年的閒置期，我就會損失半年的租金收入。一般而言，從下訂到搬進來，最佳期限是兩個星期內。

我遇過很多第一次買房，想靠租金賺錢的人，房子一買到手，就期望著能帶來穩定的金源，什麼事都不管，因此產生很多問題。由於這些人比較沒有經驗，當問題發生就只想拖延解決，最後導致不可收拾的結果，造成巨額的損失。

像我聽說過一個房東，一開始房間只是長了壁癌、牆上有一點滲水，這種問題多半請人來維修，花點小錢就沒事了，但他一拖再拖，最後變成房間漏水，又跟房客鬧得不愉快，把問題變得越來越難解決。

因此，我建議若想當包租公、包租婆，遇到房子的問題千萬不能拖延，最好第一時間就能立刻處理，只要越快把問題解決，你的損失就會越小。

付不出兩個月押金的房客，不能租

我剛開始接觸租賃工作時，比較不會篩選客戶，所以遇到不少麻煩。記得有一次，遇到一個只付得起租一押一的小女生（一般行情是租金一個月，押金兩個月），一開始還在猶豫到底要不要把房子出租給她，但看她年紀小又不斷對我撒嬌：「拜託嘛，我一個人高中剛畢業，離鄉背井來城市打拚，身上也沒有什麼錢，就讓我通融一下啦。」最後，我還是把房間租給她了。

但除了剛搬進來時繳過房租外，只要一到交租金的時間，她

就會用各種理由一直推拖。例如：我匯款匯錯帳戶了，抱歉、等我錢轉出來再給你、我媽媽家裡急需要用錢、下個月再一次補齊給你、我跟男朋友分手了，現在很傷心，已經沒工作好多天了、你再通融我一下……等藉口，各種理由她都編得出來，最後只能好聲好氣地拜託她搬走，還讓她不用還之前積欠的房租，才順利讓下一個房客如期搬進來。

出租房子最怕像這樣遇到很盧的租客，一直求對方離開都不肯搬走，那次真的讓我學到教訓。後來簽約時，我一定向房客收兩個月的押金和一個月租金，並和對方簽半年以上的約（簽長期約較穩定，表示租客能負擔之後半年或一年的租金），才願承租。

很多人以為，當包租公、包租婆都是手上有好幾間房收租，每天躺在家裡數錢就好，但現實往往不如想像中那麼美好。要當個專職的房東，要有不怕麻煩的耐心與細心，還要像照顧小孩一樣，時時關心房屋的狀況，定期檢視整修，才能讓套房變成賺錢的金雞母，一直為你生財。

現實狀況是，從開始當房東的第一天起，就會有大大小小的問題等著你去處理。以我為例，我曾因房客忘記帶鑰匙，當他隨叫隨到的鎖匠幫他開門，時不時還要處理房客抱怨隔壁太吵，要我去請對方控制音量，當然，還有各種常見的房屋問題如：水龍頭壞掉、紗窗破掉、牆壁出現壁癌、漏水等，都得由房東來解決。

遇到房客抱怨時，我一定立刻幫他想辦法解決。當然，如果

你怕麻煩，也可以找租屋公司管理，把這些雜事都交給專業的租屋管理公司處理，只要每個月給租屋管理公司，租金的 10% 服務費即可。比方說，你的套房一間租金是 5,000 元，那麼請租屋公司管理的服務費，就是每月每間 500 元。

除了各種房客問題外，對房東來說，最害怕遇到房客自殺。我認識一位房東，他有上百間套房在收租，但非常不幸的，他在 10 年內竟然中了二次頭獎——發生二次房客非自然身故事件，這也突顯篩選租客的重要性。

通常，遇到這種事的機率非常低，當然真的發生了也是無解，所以，房東平常還是要關心一下房客，例如逢年過節送小禮物問候、平常見面時聊聊近況等，或多或少能避免這種事發生。

另外，我還有一個當包租公的朋友，他的個性比較直率，因為一些小事與房客發生爭執，一氣之下要把房客趕走，結果對方氣得把家具家電破壞殆盡，然後就落跑了，所有問題都得由我朋友自己善後，他當時真的後悔莫及。原本能以和為貴來處理這件事，卻因為一時控制不了情緒，損失了好幾萬元，真是得不償失。

還有一次，我遇到情侶吵架鬧自殺，當時的情況非常緊張，出動了警察和消防隊來處理，想自殺的男生像蜘蛛人一樣，攀在窗邊不肯下來。我雖然立刻趕到現場，但身為房東的我也不能做什麼，只能祈禱一切平安，還好最後有驚無險地解決了。

根據我的經驗，問題越拖就會越棘手，所以絕對不能拖，而

▶圖5-7　四種租客類型

租客類型	無固定收入、看房時特別挑剔、從事特種行業、未成年者	學生	
特徵	身上刺龍刺鳳並口嚼檳榔、從事特種行業、對房間異於常人的挑剔、沒工作、只付得起一個月押金加上一個月租金、養寵物、未成年。	通常房租都是爸媽一次繳完，一次就能收到一學期的租金，也不用每個月去催繳房租，能把錢拿來做其他投資，以利滾利。	
可能遇到的租屋問題	無穩定收入的房客可能會拖延房租，甚至直接賴著不走。對房間百般挑剔的後續多半必須幫他處理更多問題，從事特種行業或身上刺龍刺鳳，通常背景會比較複雜，也可能讓鄰居不放心，遇到這種房客我通常會用技巧婉拒對方。 若租客只是有養寵物，其實可以在簽約前，先擬好家具家電損壞時的相關賠償事宜，就能放心承租。	學生可能會打麻將影響到其他鄰居，或是一群人在半夜喝酒聊天，做出一些脫序的行為，衛生習慣通常也不是很好，家具家電較容易損耗。	

月繳型上班族	小家庭、台灣 500 大企業、公務員
多半能正常繳交租金，在簽約時，也一定能拿得出來第一個月的房租和兩個月的押金，欠繳租金的機率較低。	因為職業很穩定，多半能一次繳交半年或一年的租金，租約一打就會住很長的時間，若遇到漏水、燈泡壞了等狀況，也多半會自己處理再向房東回報。
需要每個月提醒繳交房租，若租客無預警失業，則可能遇到突然退租，或收不到房租的狀況。	對房間的要求比較高，如要求新的家具等，對裝潢也會比較講究，或在意其他租客，希望出入分子盡量單純。

且一旦你的服務好，房客也會願意續租，或幫你介紹租客，讓你的收入來源更穩定。

面對問題房客，四個方法讓你不吃虧

所有房東最容易遇到的問題，莫過於房客不願意繳房租，還賴在房間裡不走。以現行法規明定，房客還沒欠繳超過押金二個月時，房東都不能擅自進入房間裡，強制對方退房，只能柔性勸導或溝通，請對方離開。

我也曾遇過房客不繳房租又不肯離開，如果真的遇到類似的狀況，我有幾個方法可以與大家分享：

一、換大門鎖（非房門鎖），讓他無法進來。

二、斷水斷電。

三、柔性溝通。如對租客說：「我們房東每個月背負著還款壓力，家有一老和一小要扶養。」博取他同情。

四、寄存證信函，等法院強制執行。

當然，解決問題最好還是以和為貴，不過，若遇到已經嚴重損害自己權益的租客，還是得採取必要的法律途徑，避免自己成為受害者。

> **獲利關鍵**
>
> 為了保證穩定的租金收入，簽約時我一定會收兩個月的押金和一個月的租金，並簽半年以上的租賃合約。

第六章

新手投資想避險，
得從累積專業人脈
開始

第一節

結交 500 位房仲當人脈

你一定常在路上看到，仲介在路邊對你微笑，遞給你傳單、面紙，或在住家信箱看到一大堆售屋資訊，這都是他們為自己製造大量曝光的方法，目的就是要認識更多人，快速得到房屋買賣的第一手消息。

對房屋仲介來說，買賣雙方都是他們要經營的人脈，三不五時就要打電話或送禮關心一下，以便之後雙方在議價時能取得共識。畢竟，人都是有感情的，只要建立交情，在必要時也會比較好講話，更容易成交。

沒關係變有關係，價格就不是關鍵

聰明的房仲一定會選擇自己擅長的區塊深耕，我為了節省時間，通常會直接請仲介幫我過濾房子，而且不會只找一個仲介幫忙，畢竟，找一個人是一個機會，一百個人就會有一百個機會。目前我認識的房仲至少超過 500 位，這就是我能快速找到好物件的訣竅。

尤其，在這個以業績為導向的仲介業務市場，我就曾遇過因為與仲介的交情不夠深，錯過投資標的經驗。

大二時，仲介小陳介紹一間在中壢區漢口街，25 坪的頂樓

公寓，開價 188 萬元，我看完 10 分鐘後，就決定出價 130 萬元，當時小陳還對我說：「羅先生放心啦，之前都沒讓你買到，很不好意思，我剛剛確認過了，這個案子沒有人下斡旋金，你是第一個。」

我心想這回終於讓我買到了，之前那麼多次都和喜歡的物件擦肩而過，希望這次可以不再讓遺憾發生。沒想到過了三個小時，小陳突然打給我說：「羅先生，抱歉！我們有同事比你早出價 30 分鐘，我得到的消息較慢，已經被人家買走了。」我當下既失望又無奈。

之後，我和小陳感情越來越好，在一次閒聊中，剛好又提到漢口街這個案子，他才坦承，我其實是第一個下斡旋金的，但因為當時的客戶也是他開發的，他想吃全泡（見下頁的投資入門），再加上那個客戶又跟店長非常好，所以才決定賣給他。

不得不說，有些好房子還真不是你多加一點錢就可以買到的。還要看與整間店及業務的關係，通常非知名品牌的房仲公司，經常遇到仲介不管下斡旋的順序，私底下決定要賣給哪一位客戶的情形。而這次的經驗，讓我更確信與房仲「建立關係」的重要性，沒關係都要變成有關係。

每家房仲店培養一兩位熟人，加快過濾物件速度

由於仲介是投資房地產最主要的人脈來源，所以，我很重視這一塊的經營。除了人脈外，要怎麼善用仲介的專業，更是不可或缺的技能。例如，你可以向熟悉的房仲，打聽最新的交易資

訊，就能比上時價登錄網站，早一個月取得情報。

　　我從大學開始看房，陸續認識了幾個不錯的仲介朋友，我們會定期聚會，一起討論房地產最新法令、新聞事件、趨勢及成交市場現況，也會互相交換心得。因為房仲是離市場最近，也是處理過最多突發狀況的人，閒聊過程中，多少能了解現在成交量是高是低、附近房仲業者的業績、有哪個物件創下天價交易紀錄等，當然也能向他們學習處理問題的眉角。

投資入門

> **冒泡**：業務員案件簽成，成交有業績。
>
> **全泡**：指業務員從開發客戶、找屋件都一手包辦，能領到更高額的業績獎。
>
> **掛蛋**：指仲介公司的業務員當月沒有成交，業績為零。
>
> **掃街**：業務員找尋案件來源的管道之一，沿街拜訪、抄紅單自售稿，以作為開發賣方客戶的管道。
>
> **Apple 案**：就是 A 級物件、主攻案件，條件好、價格低，容易賣出的物件。
>
> **芭樂案**：與 A 級物件相反，條件差、價格高，很難賣出去。

　　通常，每家店我會培養一到兩位較熟的仲介，當我有案子要賣，就會直接委託他，這樣等有好案子時，他也會第一時間通知我。至於如何取得他們的信任，我會先拿之前投資的物件照片給

對方看，或帶爸媽、長輩來看房，幾次之後就付斡旋金，讓仲介相信你是真的會買，以後有符合需求的案子，他就會第一個想到你。

我有過一次很特別的經驗，民國 102 年 10 月，有一天下著大雨，我到桃園青埔的仲介店，幫朋友賣青埔的預售案，一開始接待我的是一位有點年紀的男子，詢問我的需求後，完全不理會我委託他賣的房子，反而介紹一間青埔市區外圍，剛蓋好的 50 坪新成屋，一坪 22 萬元。

這時，店裡進來了一位吊兒郎當、有點台味，穿著西裝的仲介大哥，一看到我要委賣的預售屋和價錢時，直接就打斷我們的談話，對我說：「這價錢不可能賣得掉啦，接手的人又不是神經病，買方瘋了才會買這間。」這是我第一次遇到這麼沒禮貌的業務員，一見面就批評我的物件，還一直數落青埔的預售屋。於是，我好奇地問那位大哥：「請問一下，你為什麼覺得這個案子不會有人買，是價錢太高了嗎？」

不問沒事，一問他就霹靂啪啦地講出他對青埔的看法：「說真的啦，我勸你趕快出場，能跑就跑。現在青埔價位被炒得這麼高，後面接手的力道會不足，最近這幾年一定會跌。」這讓我覺得奇怪了，他明明在青埔做房仲，卻一直叫我不要買這裡的房子，怎麼會有這麼妙的事？

後來，我開始問他關於青埔的發展性與建設時，聊著聊著就聊開了。一接到對方的名片時，才知道他是這家店的店長，我心頭一驚，自己真是有眼不識泰山，後來一路聊到他的專長是土地

開發，買賣投資過多少塊土地、賺了多少錢。

結果，我們從下午 4 點聊到晚上 9 點，其他同事都下班了，我還陪他拉下店門才離開。之後我們變成交情不錯的朋友，他經常會報案子給我，還會提醒我一些關於交易的眉角，讓我受益良多。

便宜案子交易，親自確認最實際

與房仲當朋友除了能快速累積房地產資訊外，還能讓你避免買到重大瑕疵的產品。

通常買房子最怕遇到地雷屋、海砂屋、輻射屋、凶宅、傾斜屋、危樓……等，這些都屬於重大瑕疵，買方若在不知情下，跟仲介買到這類型產品，是可以求償或無條件解約的。當然，這類產品有個特徵，通常價錢會非常低，是平均市價的 5 折到 7 折。

還記得有一次仲介小陳打給我，帶我去看中壢區漢口街的一間位於三樓的公寓，權狀 24 坪，開出的價錢稍微低於行情，看屋的時候覺得整體上都還不錯，房間格局屬於公寓中的標準品，前後有長方形的陽台，採光很足夠，後面還增建了 10 坪左右，可利用空間非常多。

正當我看完後準備下樓要詢價時，小陳突然把我拉到一邊說：「羅先生，偷偷跟你說一件事，這間房子是凶宅，所以價錢比較便宜，你可以評估後再決定。」我聽完非常吃驚，「什麼？都已經看完了，現在才告訴我，虧我剛剛還看得那麼仔細，完全

沒有感覺啊。」小陳說：「對啊，完全沒感覺吧，就像正常房子一樣，這事情已經發生至少五年了，是燒炭自殺的。」

好險當時小陳有主動提醒我，不然我一定會出價。有了這次經驗後，我養成習慣，看房前都會順口問：「這附近有發生過什麼事情嗎？或是這棟建築有什麼重大瑕疵嗎？」

之前，也遇過原本要向仲介買下一間楊梅的電梯華廈，出價前，我照慣例先請銀行評估能貸多少，結果銀行專員竟然跟我說不能貸款，我一驚心想：「怎可能？」結果才發現，原來這間房子因為大地震，已經被列為危樓了，很多銀行都不承辦貸款。

遇到第一次合作或剛認識的房仲，千萬不要期望他會一五一十地告訴你所有資訊，要親自做功課確認，才能避免吃悶虧。

定時發訊息、不砍仲介費，仲介第一個想到你

總之，仲介是投資房地產非常好的夥伴，因為他們平常到處看物件、篩選產品，對該區域的了解程度絕對比你高，所以我買房賣房，都會交給仲介處理，一方面累積人脈，一方面也能省去很多麻煩。

此外，我還有一個習慣，就是絕對不砍仲介費，畢竟他們很多都沒有底薪，平日得風吹日晒雨淋，辛辛苦苦只為了成交一個案子，而且，我認為這是他們努力應有的成果。當然，為了長遠的合作，這也是一個建立交情的辦法。

如果仲介與你感情比較好，他一定會盡全力幫你跟賣方議

價，就能幫你省下不少錢。所以，我除了不砍仲介費外，還會三不五時送個禮物給他們，或在大熱天請他們喝飲料。

不只如此，在看屋時，我都會直接對仲介說：「我絕對不會砍你的費用，我的底線大概是這個價錢，麻煩你幫我多努力一下，以後我有朋友或是我自己要再買房，一定找你。」

根據我的經驗，因為賣方多半與仲介較熟，大多會幫賣方守住賣價，由此可知，與房仲的交情深淺，還會決定你的投資成本和獲利，一定要認真經營。

而且，大部分的仲介自己都有投資。真的不誇張，在桃園市中壢區，因為案子總價相對於台北、新北算低，幾乎每家店一半以上的仲介，自己就是投資客，在這人人皆可進場、資訊透明的時代，想要搶到便宜的案子就更難了。因此，培養與仲介的關係就變得非常重要。

以我為例，我會把所有仲介名片蒐集起來，並將聯絡方式輸入手機裡，每周用免費的通訊軟體，發一到二則訊息，關心一下最近有沒有好的案子，再噓寒問暖一下，這麼做是為了讓房仲對你留下印象。

現在，我平均一天能接到一通仲介打來的電話，也就是我每天都會有新的物件資訊，換算下來，一年就會有 365 個案子可以看，自然更有機會遇到值得出手的目標。

獲利關鍵

不砍仲介費、每星期兩封簡訊，為自己打造強大的房仲人脈網。

第二節

與房仲交涉的潛規則

看到這裡，你已經了解經營仲介人脈的重要性了。不過，在開始開發仲介時，對方多少會試探你，對你保持戒心，因此，如何避免被不熟的房仲敷衍過去，讓對方願意與你合作、成為你的好夥伴，是很重要的。

了解仲介的經營模式，找合適的夥伴

每個仲介都要學會如何開發屋主、簽委託、留庫存、培養買方、學會如何銷售，有些仲介擅長開發，有些是銷售很強，有些則是議價功力強，專長都不一樣。

因此，根據自己的需求，也要找不同專業的仲介。例如，想要買房，要找擅長開發屋主的；賣房時，就要找銷售能力很強的，如果比較在意價錢的人，就可以找議價能力強的人。

不過，前提是確認他站在你這一邊，因為通常仲介都喜歡吃「全泡」，所以出手前最好能先了解這個仲介的特質，再決定是否與對方合作。

基本上，為了提高成交機率，仲介都會有自己的客戶名單，而且他們會依照買方對市場的熟悉度，將客戶分成三個等級：

一、準 A 買：

短時間馬上要住，對房子有極高的需求，對市場行情熟悉，不會亂出價。

二、B 買：

不急著買房，抱持著「慢慢看，有看到喜歡的案子再說」的心態，對市場行情不是很了解，需要向對方分析行情的客戶。

三、潛 C 買：

有想要換屋的念頭，但對房子、行情完全沒有概念，還沒有看過房子，需要大量時間溝通的買方。

通常仲介會直接把好的案子報給準 A 買，因為成交機率最大，至於遇到潛 C 買，他們多半會報比較難成功的芭樂案，畢竟本來成交率就不高，即使買方不買也沒什麼損失。

同樣地，我也會把仲介分為 A、B、C 等級：

一、準 A 仲介：

通常較資深、專業知識較豐，對於市場行情、經營的區域有一定的熟悉度。也知道我想要的案子，我的需求是什麼，會常與我溝通案子的狀況，提供成交的最新行情資訊，有案子也會馬上報給我，默契與配合度高。

二、B 仲介：

會介紹我多組物件，但通常是介紹他自己想賣的，而不是我真正想買的，知道案子的基本行情與市場狀況，會演一些狀況劇、說一些話術讓客戶下訂，通常為老鳥居多。

三、C 仲介：

對市場行情完全不清楚，缺乏看屋經驗，無法理解我的需求，專業知識較不足，只會貼照片、整理圖檔，大多為剛入行的新人。

粗略分類之後，我會把所有仲介的資料整理成 Excel 檔，依配合度與聯絡的頻率由上至下排列。有了這些名單後，就要好好利用，如定期發簡訊關心、保持連絡。

▶圖6-1 用 Excel 整理仲介名單

姓名	電話	地區	品牌	等級	line	簡訊	特色
陳小明	0975-XXX-XXX	中壢延平	××世紀不動產	B	Y	Y	很勤快、店長。
王大華	0939-XXX-XXX	桃園縣府	○慶房屋	準A	Y	Y	待人真誠、直接喊底價。
黃小寶	0919-XXX-XXX	桃園三民	信×房屋	C	Y	N	會演戲。
李大良	0928-XXX-XXX	內壢元智	有○氏	B	Y	N	做土地開發、開發很強。
周大均	0933-XXX-XXX	八德介壽	×森	準A	Y	Y	很資深、有證照。

　　若你是第一次與仲介接觸，為了避免被懷疑是同業反開發，或假買方來看看而已，我通常一踏進仲介店，會很肯定地告知對方：「我是來買房子的。」當然，對方臉上或多或少會露出疑惑的神情，有的甚至會直接問：「是家裡幫忙出錢嗎？」因為我年紀輕，看起來就像學生，會被質疑是很正常的，尤其去代銷中心看預售屋，總價又高時，如果沒帶長輩一起去，都會被認為只是來鬧場的，這時講話的語氣專不專業就很重要了。

　　像我會先上 591 房屋交易網或仲介商的官網，搜尋哪裡有房子要出售。在與房仲對話時，除了語氣堅定，我還會在適當時機說出些專業術語。

　　例如：「我從你們官網上，看到一間在中正路上的五樓電梯公寓要出售，是靠近車站的那一間，總價五百多萬，坪數大約是 30 坪，請問那間賣出去了嗎？我是想要買來投資的，有先上網查了一下附近的成交行情，有電梯的行情大約是 1 坪 15 萬元，我想這間比較符合我的需求，或者你有在這個區域、近車站相似類型的產品，再麻煩幫我找找。」通常只要這樣說，對方就會降低對我的疑慮，也會比較認真地幫我介紹物件，所以，一定要做好事前準備工作，以免被當成潛 C 買，讓房仲拿芭樂案敷衍你。

一頓下午茶，害我損失 300 萬

　　「好的東西大家搶著要，差的東西再便宜也沒人要。」這句話也可以套用在房市上。

　　我就有好幾次因為判斷的速度太慢，被別人搶先一步。所以投資一定要練就快、狠、準的眼光與感覺，即先鎖定一個區域或是選定優質社區，等該區域一有合理價位的房子釋出時，就馬上下斡旋卡順位。當然，買房的卡位也是一門大學問，一開始我也曾因為不了解卡位技巧，而吃了許多悶虧。

　　民國 100 年我剛接觸房地產，那時有個還是菜鳥的仲介小黃，臨時打給我說：「羅先生，我現在有一間房，在內壢榮安四街的頂樓電梯，開價 358 萬元、總坪數 43.8 坪含車位、屋齡 13 年的華廈，要不要快來看？」

　　我剛聽到還沒反應過來，那時也不太會算華廈可投資的成本和預期報酬率，只覺得房價不高，於是我對小黃說：「我現在人在台北，最快也要三個小時才能趕回去，快到桃園時我再打給你。」掛完電話後，我就愉快地跟朋友去喝下午茶了。

　　等我回到中壢已經快傍晚，到現場看屋時還有油漆師傅在刷油漆、整理、換燈泡，我心想：「這不就是投資客的物件嗎？還拿來報給我，菜鳥就是菜鳥！」當時覺得這間房子採光、格局都還不錯，頂樓還做好防水了。

　　小黃仲介說：「今天已經有很多組投資客來看囉，要不要快點下斡旋金卡順位？」我心想又是一些仲介話術，這時剛好我認識的一位前輩小陳突然打電話給我，聊天時我順便提到正在看這間房子，跟他說了價錢和屋況後，小陳立刻對我說：「小羅，你在現場等我一下，我 10 分鐘內會到。」

前輩小陳看完房，跟我討論不到 5 分鐘，就決定下斡旋金了，還出價 320 萬元。結果，我們一到仲介店，正要付 10 萬元訂金時，店長突然對我們說已經有人先付了，屋主也同意成交，我頓時感受到，原來買房子也能像百貨公司周年慶一樣，瞬間完售，後來我們要加價都不行，因為店長很堅持，要優先讓給第一時間決定的人。

三年後，這間房子剛好經過兩年房地產爆發性的漲幅，在民國 103 年重新裝潢，以 650 萬元賣出，等於兩年增值了三百多萬元。沒想到我會為了一頓下午茶，而與 300 萬擦身而過！經過這次經驗，我才真正體驗到，房地產也是一種商品，尤其是比市價便宜很多的房子，若是無法用最短的時間做決定，就很容易錯失獲利的先機。

開價打七折出價，搶斡旋第一順位

買房子有兩種書面方式，一種是付訂金的斡旋，另一種是寫要約書，依照時間先後順序排第一、第二、第三順位。

假如有一個電梯案子屋主委託仲介底價為 500 萬元，開價為 568 萬元，買方 A 與仲介甲先下斡旋金 10 萬元，排第一順位，出價的金額為 470 萬元，過不久買方 B 與同一家店的仲介乙下 500 萬元，直接達到屋主的底價。

此時仲介甲得知有其他買方出價的消息，就要回報第一順位的買方 A，詢問買方 A 還要不要加價，而買方 A 要在 24 小時內決定，假如要決定加價的價錢，一旦達到當初屋主所設定的底價

500 萬，就會成交了，這時就算買方 B 想要加價買都不行。

由此可知，搶第一順位很重要。這裡我要提供一個下斡旋的訣竅，如果你真的看到心動的房子，但還不確定要不要買，可以先出根本不可能買到的價格（前提是要對附近的行情花點時間做功課，如果買到就算賺到），卡第一順位。以剛剛提到前輩小陳的例子，可用開價的 7 折，也就是先出 400 萬元，得到優先順序，之後就等看看有沒有其他人出價，但只要你不是第一順位，就只能被動地等第一順位放棄，就像是等別人不要的東西一樣，所以下斡旋一定要先搶先贏。

換句話說，「判斷」的速度，是決定能不能買到好案子的關鍵，最好平常就要慢慢累積看房子的經驗、附近交通環境與成交行情，接下來就是等著好案子出現，好好把握機會了。

獲利關鍵

以開價的 7 折先下斡旋金，搶第一順位，讓你不錯過任何優質物件。

第三節

啟動「合夥人」模式

不管是創業、買房地產、開店經營，其實自己一個人當老闆，也是可以做得起來，只是開頭會很辛苦。例如，投資房子可以等存夠了頭期款後再買，開店經營也可以自己一個人撐全場，一個人獨享所有利潤。但這樣做風險也很大，因為一旦市場狀況不好時，所有的虧損也都是一個人承擔，壓力都會在自己身上。

所以我選擇組一個團隊，和我一起分擔風險，也能一起分享利潤，讓每個夥伴都賺錢。此外，為了因應市場快速變化及環境的變遷，多一個人動腦就能有更多有創意、創新的做法，創造更大的效益。

在工作上，我們經常強調團隊合作，合夥人是一個團隊或組織中，非常重要的元素。很多老闆事業會失敗，多半是被夥伴陷害或跟人發生糾紛。

像我認識一個大老闆楊董，民國 102 年以前，事業非常風光，上過各財經周刊和雜誌，同時擁有七間公司，在台北、上海、新加坡都有分公司。涉及產業有電子商務、服飾紡織，年收入最高曾接近九位數字，處理事情向來果斷、堅決，但也因為個性很直接，跟合夥人相處得不好，最後被合夥人倒帳引發財務危機，現在他還欠債數千萬。

　　楊董曾與我分享他的經驗：「一定要慎選合夥人，選對了讓你買『多』房，選錯了讓你住『套』房。」我到現在都還謹記他的話，因此，我選合作對象一直非常小心謹慎。

與其挑有能力的，不如找能互補的

　　我第一次投資房地產所找的合夥人，是我在聚會上認識的朋友——30 歲的小張，我們一起看房，也會彼此交流、分享最近的時事與房地產政策。小張看到我那麼努力在找案子，也會和我討論買到房子後，要怎麼裝潢才能節省成本，預算要抓多少，賺到後的利潤怎麼拆分等⋯⋯。

　　但就在我找到第一間房子後，卻為了要用誰的裝潢工班而爭論不休，我又比較有主見、有想法，認為不應該以成本為第一考量，因此想找能合作長久、好配合的工班，萬一以後工程出了什麼狀況，後續還能協助處理的團隊最好，即使貴一點也沒關係。

　　但小張的想法與我相反，他說：「我在社會上已經打滾數十年，你還是太嫩了。成本低才能把風險降低，凡是能省的都該省下來，便宜划算最重要。」就這樣，我們堅持各自立場，雖然最後還是選擇我的工班，但兩個人的關係已經鬧得不太愉快，小張就說：「你自己做的選擇，就必須對這事情負責到底。」

　　後來，這個合作案幾乎都是我在處理，小張什麼也不管，鬧到最後，我只想趕快讓這個案子出場結束，根本不想再做任何努力。

其實，事後想想這件事情沒有誰對誰錯，只是有沒有遇到適合你、能跟你個性互補的人。就像談戀愛一樣，遇到能包容你的缺點，欣賞你的優點，補足你能力不足的地方，才能長久合作，創造更高的價值。

單打獨鬥難生存，建立團隊獲利翻倍

在這個世界上，單打獨鬥很難生存，所以最好建立能與自己互補的團隊。在找適合的投資夥伴前，一定要先了解「自己」的個性，清楚自己擅長與不擅長做的事，才知道該找哪些人來彌補自己的短處。

像我認識一個房地產前輩小陳，他在短短三、四年內，就操作了三十幾間房地產，但他不是靠自己一個人，而是經營一整個團隊：分別是小林、小陳、小李、小賴四個人，每個人都清楚知道自己在團隊中，該扮演什麼角色，才能創造最大的效益。

小林對室內裝修非常有興趣，之前還去學校進修相關課程，因而對裝潢、畫設計圖、監工、挑選工人非常有自己的想法，甚至自己當起工班；而小陳是物件進案的開發王，長期以來跟仲介相處得非常好，背後有龐大的人脈管道，因此仲介會介紹同圈子的朋友給他認識，光他一個人，一年買賣 10 間房子都不成問題。

而小李是房間裝飾品的美學督導，凡是經他之手的物件，都會變得高貴、有質感，最厲害的是他可以用極低的成本，把物件包裝成非常高的品味。小賴是這裡面脾氣最好、包容力最強的合

作夥伴，也是個肯拚、做事勤奮的人，是大家吵架時的和事佬，簡單講就是個很會做人的人，不管對任何人都很客氣。我認為這是團隊不可缺少的人物，因為團隊合作最怕意見不合，當二人以上提出不同看法與觀點，又都堅持己見、不肯退讓時，就要有人跳出來緩和氣氛。

正因為他們能彼此互補，又了解對方的個性，合作起來非常有默契。現在，這個團隊每年獲利都超過 2,000 萬元，是很成功的合夥模式。

最佳的團隊模式，分享利潤

我目前的團隊包含我在內有三人，一位是小黃，一位是紅魚。32 歲的小黃和我是早期在租屋公司認識的同事，雖然我們認識的時間不到五年，但我和他會常常在工作之餘，交流彼此對經營管理的看法，比如說：以後如果開公司，要如何管理團隊、這家飲料店為什麼會倒，要如何改進等，所以對於彼此的個性與想法都很清楚，也因為經常與小黃分享交流，讓我成長許多。

26 歲的紅魚是我在王派宏老師課堂上認識的，因為年紀相近，他常常與我一起跟仲介打交道和看房，印象中當時我們剛好都和女朋友分手，多少有點同病相憐的革命情感，他很好相處，是非常好說話的人，我們的個性互補，相處起來很愉快。

我一開始其實沒想過要組織團隊。在大二時，我接觸租賃業務，當時只是想多累積一些實戰經驗，結果越做越有心得，也發現租賃市場有些既存的問題，我突然靈光一現：「為什麼台灣沒

有像樣的租賃品牌公司呢？」於是，我決定自己出來闖一闖，想辦法解決台灣租賃市場資訊不透明的問題，並希望能改善弱勢族群租屋的困難。

我當時只是一股熱血，把創業的想法分享給小黃、紅魚聽，聊著聊著，我們就決定要一起創業，共享我們現在擁有的資源，他們也因為我強烈的動機與積極看房的執行力，而願意相信並支持我。

我們三個在房地產領域各有所長，像小黃非常擅長拍照，能把我們的物件拍得像樣品屋一樣精美，篩選租客的工作也是由他一手包辦。紅魚則是負責處理工程進度與裝潢設計，他對於室內設計很有感覺，常常有不錯的靈感，他對這塊也很有興趣，平常會主動搜尋相關的資料與圖片，培養自己的美感。

而我在這團隊中，就是做我最擅長的事——開發案源，也因為我的興趣就是看房子，加上能與仲介培養感情，讓我越做越起勁。由於我們無論在專業或個性上都能互補，因此才能共創更大的獲利，並均分利潤。

我們處理過各式各樣租賃問題，讓我印象最深刻的，是有一次一位女租客在套房鬧自殺。那時候已經半夜了，房客因為情感不順哭得唏哩嘩啦，還哭得很大聲，打擾到其他房客睡覺，於是我們立刻趕到現場。

一靠近房門，就聞到很濃的怪味，這時經驗老道的小黃馬上判斷出是 K 味（K-他命泛指安非他命、搖頭丸或其他藥物），

所以我們推測，她可能精神有點恍惚，情緒也不太穩定，為了避免過度刺激她，我溫和地敲著門說：「李小姐不好意思打擾了，有什麼事情需要幫忙嗎？」

大約過了 5 分鐘租客打開門，小黃上前說：「不好意思，李小姐，妳房內傳出來的聲音已經打擾到其他房客了，而且還飄出異味，他們擔心發生什麼事，所以剛才已報警請警察過來了。」沒想到話還沒說完，租客就像突然醒了一樣，以最快速度整理好行李，我們也當場與她解約，讓這次的事件有驚無險地落幕。

當然，團隊合作難免有意見不同的時候，通常我會希望大家直接把話講開，如果討論越來越激烈，可能有人講話不經大腦傷到別人，這時，紅魚就會扮演和事佬的角色，讓大家冷靜下來。

還記得有一次，我們要決定三房兩廳的裝潢風格時，紅魚覺得這一間適合改造成地中海風格，但是我想要改成一般大眾能接受的簡約風格，因此起了爭執，最後用投票表決的方式，少數服從多數來決定。

而我自己有養成一個習慣，在討論的過程中，我盡量把所有的事物變成數字，用具體的數據與我的夥伴溝通。

記得有一次，在討論要不要買進一個平鎮的案子時，其他人本來擔心這間房子太偏僻有些猶豫，但我客觀地分析這個物件：「雖然這個案子門牌是平鎮區，但因為離中壢市區近，到中壢火車站車程也只要 5 分鐘，若是要吃飯、採買生活用品，走路 10 分鐘就能解決，加上總價很便宜，幾乎是中壢市 25 坪華廈的

一半。若含裝潢成本保守抓 100 萬的話，未來只要賣到 400 萬，這個案子就能獲利 100 萬，還不含持有期間兩年的租金，加上附近有超過五家仲介店能幫我們強銷，不太需要擔心賣不出去。此外，我有打聽了一下，附近兩房 25 坪的預售屋，還比這間房子貴二倍多，所以風險性相對較低，我覺得可以入手。」後來，我們表決之後，就決定要進這個物件。

雖然團隊合作多少會有些摩擦，但我知道，如果少了團隊夥伴，一定很難做出現在的成績，他們讓我在執行上真的省事很多。

把人脈變錢脈

或許有些人會認為，經營人際關係是很市儈的想法，其實，我並沒有很刻意的要認識誰、或是為了什麼目的接近誰，只是抱著「這個人有值得我學習的地方」，或「對方有我缺乏的特質」，很自然地認識對方，進一步深交。

例如：我上王派宏老師的課，只是單純地對房地產有興趣，想要了解更多相關資訊，透過老師主辦的分享會，讓我獲得更多房地產的資源，結識了許多投資前輩。像當初我認識小賴，是因為很想了解房地產市場，如果能直接從事相關工作，一定能更清楚租賃行業到底在做什麼，也能累積自己看房的能力。

還有，我現在的合夥人陳俊祥，也是因為有一次我代替小賴出席一場分享會認識的，後來越聊越覺得我們的想法很接近，而且都是對目標很執著、會想盡辦法達成的人，因為他的專長是行

銷，因此現在他幫我處理台中區物件的募資及網路行銷。

我發現，人脈並不需要刻意建立，而是真心深交，當你需要時，這些人都會變成你最大的助力，自然能把人脈轉換成錢脈。

從小事累積信任，是賺大錢的根本

我雖然沒有顯赫的資歷、廣大的資源，也沒有豐厚的資本，但我最大本錢就是年輕與時間，我可以花很多時間學習專業、去找人投資，建立人脈，累積自己的信用評價，這麼一來，自然能集合大家的力量，達成目標。

▶圖6-2　我的合夥人陳俊祥（圖右）

而人與人要建立關係，最重要的就是信任。所以平常與朋友相處，時時刻刻都要說到做到，讓人覺得你是個很有誠信的人。這麼一來，就能無時無刻累積自己的信用資產。

　　之前還沒買房時，我有一次透過朋友介紹，找到一個室內設計師，討論如何裝潢套房，我們約好了周末下午在台北見面討論，原本是約下午 2 點，但我因為一些事情耽擱，2 點 15 分還在中壢往台北的火車上，剛好那天火車又誤點，我到台北都已經 3 點了。

　　我趕到咖啡店找人時，對方早就離開了，打電話給他，對方口氣不是很好地對我說：「不用再談了，我們都還沒合作，第一次見面，你就已經破壞我們之間的信任了，以後要怎麼共事？」說完他馬上就掛電話，我那時被他的舉動嚇到、覺得很震憾，也讓我學到教訓。

　　有了這次經驗讓我知道，「信用」都是從小事開始累積的，一旦取得對方信任，信用就是你最大的資產，會使人願意相信你這個人，即使沒見過面，就能透過好的風評，對你建立良好的第一印象。

獲利關鍵

與其挑有能力的人，不如找能互補的當夥伴，記得與每個人互動，都是在累積你的信用資產，從信任開始的關係，才會長長久久。

後記

只拿三科拚別人的五科，
我辦到了！

　　從小學開始，我的成績都是班上前三名，拿過無數張獎狀也當過模範生，畢業時還拿到校長獎，還記得在國二快要結束那年，班導師下課後還把我叫過去：「右宸，你國一、國二兩年間平均段考的排名，都在全校前一百名（全校共 28 個班，約 1,000 人），只要不失常，一定能考上中壢高中（桃園第一志願為武陵高中，第二志願為中壢高中）。」

　　沒想到，我的叛逆期竟然在國三發生。從小幾乎沒有違背媽媽的規畫，非常聽話的我，居然在國三開始反常，我沉迷於網路遊戲，而這時偏偏是準備考高中最關鍵的一年。最後，當然沒考好，落點變成第五志願平鎮高中。

　　上高中後，媽媽給我更多自由，我也變得非常愛玩，對讀書更是興趣缺缺，還曾經考過全校四百多名（同年級總共 500 人左右），高中成績可以說是慘不忍睹，而且我本身對物理化學根本不拿手，卻還是不顧家人反對，執意選擇難讀的第二類組，只因為這個組別男生比較多，比較有機會在籃球比賽上奪全校冠軍，進而吸引女生的目光。

　　我的物理和化學兩科考試成績幾乎都是個位數，每次拿到考

卷時都覺得很丟臉，不想讓同學看到我的分數，自信心更是嚴重受挫。加上個性比較內向，只是上台報告也會讓我很緊張，甚至連向喜歡女生告白的勇氣都沒有，就這樣暗戀了三年。

高三那年，在知道大學學測只考 47 級分，在班上是倒數幾名後，我媽和班導都在煩惱我的未來到底該怎麼辦，我也開始認真思考人生的下一步是什麼？難道就這樣浪費高中三年，一事無成的過去嗎？於是我決定賭一把，做出了一個令所有人都傻眼的決定。

我決定放棄第二類組的重點科目物理和化學（在大家眼裡，我根本就是瘋了！）只衝刺國文、英語、數學這三科，意思就是只拿三科成績去拚別人的五科。當時我不顧大家異樣的眼光，鼓起勇氣跟班導商量這件事，請她支持我，也希望物理、化學老師能尊重我，不要管我上課做什麼或是考試的成績。因為這樣，我就可以在上物理、化學課時，專注地讀國、英、數三科。

最後，指考成績出來了，我的數學考了頂標，是班上前三名，只用三科的成績就順利考上元智大學國際企業系，放榜時我像變了個人似的，不再沉默、封閉，還很有自信地告訴班上同學，我只準備了三科就考上了。

現在回想起來，我發現自己是一個一旦設定目標，就會勇往直前、努力達成的人，而且，對自己做的決定絕不後悔。

之後，我在大一時生了一場重病，更奠定我積極的態度。剛開始以為只是呼吸有點不順，應該休息一下就好，接著開始胸

悶，直到上課時無法集中精神，連趴在桌上休息都痛到喘不過氣，我才覺得不妙了。

所幸我的朋友機警，帶我去醫院檢查。後來聽到檢查結果，醫生說我的左肺消氣到只剩下一般正常大小的 1／3，幾乎完全失去功能，只靠右肺在維持呼吸心跳，再晚點來檢查就會有生命危險。醫生還開玩笑地對我說：「只靠一邊就撐了一天多，不愧是年輕人體力好，真是個奇蹟，而且以後還不用當兵，你賺到了。」但我只覺得人生頓時變黑白，完全笑不出來。

護理師緊急請我媽來簽屬手術同意書，過沒多久我就被推進開刀房了。在被推往手術室的途中，我不斷在想：「我還有美好的人生，我還有美好的事物還沒體驗，我不想就這樣死掉，我的精采人生才剛剛要開始。」當時，我下定決心，等我出院一定要親自去完成一些有意義的事。

後來我又動了一次手術，前後加起來在醫院住了一個月，在醫院靜養的這段時間，既無聊又無趣，看著我的朋友可以去上課、去瘋社團，甚至聯誼交男女朋友，自由地去做自己想做的事，我才知道那是多麼幸福的一件事。回頭看看自己，被困在醫院裡，不只失去自由，生活起居還都要家人朋友協助，那種無助感是我一生中從未有過的感受。

因為哪裡都不能去，我一個人想了很多，並認真思考自己的未來。我把這場病視為上天給我的挑戰，這場病讓我更清楚，自己未來想做什麼，並且積極地去執行。

大學畢業後，我看到身邊很多朋友對未來要做什麼遲遲無法決定。那是因為，許多人在做決定時，太在乎身邊的人對自己的看法，雖然我也會因為其他人的建議而動搖，但我都會告訴自己，我的夢想絕對不能死在別人無心的話下，對於自己想做的事情，就該勇敢去實踐。

執行力才是王道，做就對了！

後來，我去聽了龍寶建設集團董事長張麗莉的演講，讓我更堅定自己的信念。她說，做事情時絕對不要想把自己變成第一，因為第一的意思，是要把其他人都比下去，這不是她要的結果，她要的是把事情做到一流，堅持做對的事。每當同業有什麼創舉或驚人的作為，她會虛心請教他們成功的地方與做事細節，如果自己做出了成果，她也會不吝嗇與同業分享，讓整個行業變成追求卓越的良性循環。

這也讓我想到國際大導演李安以及歌手周杰倫，他們對於自己的夢想非常執著，儘管在路途中，有很多批評及不看好的人，但他們還是努力往自己的夢想及目標邁進。聽完前輩的分享後，我也自我勉勵，努力實踐，儘管路上有不少質疑的聲音，但至少我能做自己人生的主人，不留遺憾。

記得我 20 歲剛去參加房地產聚會時，會積極地發問，某一次在聊房地產的話題時，我很自然地就舉手問前輩：「剛剛聽你分享中壢那麼多房子的案例，感覺你滿厲害，懂的很多，想請問一下平均行情大概是多少？」

沒想到我不問還好，聽到問題後，前輩的表情突然變得很嚴肅，我心想是不是我說錯話了，沒想到前輩開始狠狠地批了我一頓：「你是誰啊？你開始跟仲介看房了嗎？你開始做功課了嗎？如果還沒開始操作就問那麼多，相信我，你今天得到了答案沒有去執行，很快就會忘記了，我說了也是白說，浪費我的時間。」

當下我心裡真的很受傷、很傻眼，第一次在這麼多人面前被批評。但現在回想起來，當時前輩說得很有道理，很多事情都得執行後，才會真正發現問題，學到之後，那才是真的懂了。在還沒開始做之前，都會假設很多原本就不存在的問題，所以現在的我要開口問問題時，都會先在腦中好好深思熟慮一番，經過思考之後才開口。

不再做豪宅夢，只想住好宅

在前文我曾提過，我會對房地產這麼熱衷的原因，就是想買一間房，讓我的家人有個溫暖的避風港。直到現在，我努力的目標一直沒變。

對於人生的每個階段，我有不同的目標，對「家」的期待也不一樣。目前，我預計明年要買一間在內壢屋齡 10 年內、三房加車位、總坪數約 45 坪（室內坪數約 25 到 28 坪）的中古屋。

此外，社區的管理機制要健全，公設不用太多，管理費相對較少，至少 250 戶以上的社區。還有，基地面積四面臨路、格局方正，樓層至少在五樓以上，可接受頂樓，因為高樓層的採光和通風會比較好，視野也會比較遼闊。生活機能便利，但不要在大

馬路邊，最好是鬧中取靜的社區。

以今年（民國 104 年）中壢地區這類型物件的總價區間，大概落在 800 萬左右。因此，我預計自己存款（不包含負債的淨值）到達 500 萬元，有合適的物件就會出手。

30 歲時，我希望能在台中置產，目前我鎖定的區域是台中勤美綠園道，或是文心森林公園附近，這兩個區域都有大公園，生活機能良好。因為我很在意景觀，所以會挑選 10 樓以上的景觀戶，基地面積一樣要四面臨路，房子要三面採光，屋齡要在兩年以內，總價約在 3,000 到 4,000 萬元的房子。

若我的存款淨值（扣除負債）有 5,000 到 8,000 萬元，就會以房換房，在中壢再換大間一點的房子，屋齡在七年以內，權狀 70 坪，室內坪數約 45 坪的社區大廈。還要離內壢火車站近（不管以後火車站要高架化還是地下化，都會牽動周邊新一波發展）。如果手邊有閒錢甚至不排除買兩間。

很多人聽到我這麼說都很好奇，如果有這麼高的預算，何不到台北置產？因為，同樣的預算，在台北只能買到坪數小的舊電梯大廈，不過換成在台中，大概都能買到權狀坪數接近 100 坪、室內近 65 坪的物件。

若比較生活機能與交通建設，我認為這兩個區塊已經相當完整，而且附近還有大片綠地可以散步，又有許多充滿文藝氣息的文創小店，環境和條件都優於台北許多。

雖然小時候，很希望能和家人一起住在豪宅裡，但現在我不

會想買超大坪數、總價以億計算的豪宅；寧願挑地段好、價格實惠的好宅。畢竟，我家人口不多，空間太大反而顯得空蕩冷清。因此，比起買豪宅，我更想挑好地段買地自己蓋房子收租，創造更高的價值。

我現在最想做的事──創造居住價值

大多數的人買到一間房之後，短時間內多半不會考慮再買下一間。但我剛投資房地產時，買了第一間房後，卻是持續尋找適合的物件，積極想買下一間房。這是為了累積資金，要由小換大住更好的環境。

實際上，我剛開始投資房地產，就是為了賺錢，讓自己擁有更好的居住環境。但在我改造過這麼多中古屋，看過許多人為了找個遮風避雨的地方努力付出後，現在，我最想做的事，是讓大家都能像我一樣，能有個幸福溫暖的窩，找到自己心目中的那間房。

所以，我除了藉由自己累積的專業知識，陪認識的人去看房，分析物件的優缺點外，我希望未來，能成立活化資產管理的企業，解決社會上弱勢族群的租屋問題，讓租賃資訊在市場上能更透明化，降低台灣閒置資產的空置率。因為我發現，台灣很多投資客寧願買房後直接擺著，不願意出租，讓房子失去它原本的功能。

另外，我還想改善荒廢已久、或是收購不堪用的資產，重新

改造裝修，讓房子回歸到最原始的功能：為人提供舒適的居住環境。

未來我若有更多的資源，希望能買地蓋房，因應高齡化社會蓋老人休閒農村，或建造優質學生宿舍及管理完善的工業區宿舍。至於賺錢獲利，就像我前面提過的，你能創造多少價值，就能得到多少利潤，這反而不是我最關心的事。

很多人百思不得其解，為什麼我這麼年輕，卻這麼熱衷於房地產，還把看房當興趣。其實，房子已經是我人生中不可或缺的一部分。它不只是我的事業，更是我最大的興趣。所以我會不斷地精進、學習，持續累積這個產業相關的知識。

對我而言，房子是我唯一每天看都看不膩的事物，因為每間房都有自己的特色，參觀物件對我來說就像認識新朋友一樣，任何一間房都是無法被複製的，因此，每次看到不同的案子，都讓我熱血沸騰、充滿新鮮感。

我也藉由看屋的過程，觀察不同區域的生活方式、看到不一樣的風景。就像現在很流行旅行體驗人生一樣，我則是透過看房子，感受人生百態。

說穿了，我只是選擇了一條自己喜歡的路，然後不斷地探索、挖掘，雖然一開始，我的確是為了累積財富而選擇房地產，但現在反而是因為我熱愛這個產業，想為所有經手的物件，創造更大的價值。這就是我的天職，而我相信，自己會一直做下去。

▶我只是選了自己喜歡的路，然後決定一直走下去！

▶右宸推薦的書單

書名	作者	出版社
《房地產賺錢筆記》	王派宏／邵慧怡	早安財經文化
《20 幾歲就定位：小資 5 年成為千萬富翁的祕密》	林茂盛／陳俊成	好的文化
《我在房市賺 1 億》	月風（李杰）	布克文化
《勇敢，用桿：房地產快樂賺錢術》	慶仔	智庫雲端
《房市房事：搞懂人生財富最大條的事》	范世華	智庫雲端
《黑心系列三部曲》：黑心建商、投資客、房仲的告白	sway	推守文化
《買一間會增值的房子》	邱愛莉	文經社
《房市專家教你買一間會賺錢的房子》	徐佳馨	核果文化
《地產勝經 2007～2014》系列	馮先勉	碁泰

附錄一
評估價錢的五步驟

當你和仲介看完房子後，千萬別衝動決定出價，最好先做這五件事：

一、到頂樓環顧周圍環境

看看附近有無嫌惡設施（加油站、基地台、廟宇、福地等），順便看看公共梯間是否乾淨明亮、頂樓有沒有漏水、外牆有無剝落等。

二、詢問附近的住戶、管理員

可以選擇傍晚鄰居倒垃圾的時間，比較容易遇得到人，或是客氣地與管理員打招呼，熟悉之後就能向他打聽你想知道的資訊，通常都能聽到意想不到的訊息，如：有無凶宅、海砂屋、輻射屋等。

我自己的經驗告訴我，有一些房屋的資訊問同棟的住戶，通常都不太能打聽到什麼事。但去問隔壁棟的住戶，就會得到你想知道的答案。

三、上網查交易行情

可以自己上實價登錄官網、信義房屋、永慶房屋（台灣兩大知名房仲品牌）的成交資料庫，交叉比對成交行情。以中壢區大勇一街相同的產品為例，在查實價登錄時，我會以一年為基準，

查詢該年的成交行情資料。

四、去銀行貸款估價

建議找兩三家銀行評估可以貸款的金額，這麼做能順便了解銀行評估的市價是多少。通常銀行估的價格都會比較保守，所以，只要買得比銀行估的市值還低，風險相對較小。此外，你也可以清楚知道這個物件能貸幾成，自備款需要準備多少。

五、想好出價上限及目標獲利

最後，評估自己的能力，決定出價上限和目標獲利，接著就等屋主點頭成交了。

只要先做好這五件事，就能大致抓出目標物件的行情價，接著出價時先報低，預留空間慢慢加價，就能讓你用預期的金額買到超值好宅。

▶評估價錢的五步驟

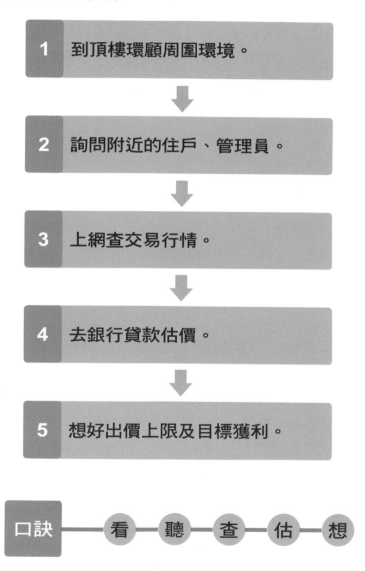

附錄二
六個問題，
讓你買好、不買貴

在評估出價上限及目標獲利時，你可以問自己以下六個問題，避免買貴變成冤大頭。

一、目標客群是誰？

在買之前一定要先思考，當你決定賣出時，你的目標客群是誰？有一句名言說：「自住客看過去的價格，投資客看未來的價格。」因此，若以投資為目的，一定要思考，假設現在用 50 萬元買進來的物件，將來賣 100 萬元會不會有人接受？什麼樣的人可以接受這個價格，那就會是你的目標客群。

二、這個物件你想要擺多久？

這其實就是在做最壞的打算，如果遇到房價下跌時，你的停損點是幾年？若不先設好停損，最後很可能落得被銀行強制拍賣。所以，最好先想好到底要擺短期半年內出脫，還是以中長期兩三年為限。當超過預期的時間還賣不出去，你能接受降價多少，或根本沒賺脫手嗎？

三、為什麼對方要跟你買？

你的物件有什麼獨一無二的特色嗎？還是有什麼特點是其他房子無可取代的？像是無死角的視野景觀，或旁邊有個萬坪公園

等，都是能幫你的物件加分的條件。

四、對方會以何種價格跟你買？

根據我自己買房的經驗，聽到對方報價，我一定會先砍到 7
折，因此，在評估物件的售價時，我會先抓自己預計要賺多少，
再報高預留空間給買方殺價，確保最後能達到我預期的獲利。

五、閒置成本／時間成本是多少？

當你購入這個物件後，接踵而來的是每個月要繳的銀行貸
款，最好能估算一下，每月本金加計利息的費用是多少？另外，
若是社區型的物件，還要考慮每個月的管理費，以及一些定期性
開銷（如：房屋修繕、每月的水電支出等）。

六、出價時要怎麼喊價？

最後，在向仲介出價時，報價一定要比你預期買到的價錢還
低，這樣才有足夠的議價空間。比如說，你想用 250 萬元買入，
但一開始出價時，要先出 230 萬元，然後再用 10 萬元、5 萬元，
慢慢加上去。

附錄三

買中古屋，別碰這三種

　　中古屋因為公設低、房價相對新房便宜，也是許多首購族或投資客鎖定的目標。不過，老房子就像人一樣，屋齡越大問題越多。若是肉眼可見的問題，例如：漏水、壁癌，只要能花錢請人解決，衡量過自己的能力就能入手。但若遇到以下三種老屋，最好別碰。

一、避開路寬不到四米的老屋：

　　有些中古屋的巷弄特別窄，甚至不到 4 米，連一輛車要開出來都有困難，這種房子最好別買。除了進出不易之外，萬一發生火警，或家中有人需要急救時，會因為巷弄過窄，很容易錯過黃金救援時間而危及安全。此外，像我自己在看房子時，一定會挑選四面臨路，而且路寬至少能讓一輛車通過的物件。

二、大門常開的公寓，別買：

　　不少中古屋因為住戶缺乏公德心，或沒有人管理，所以樓下大門常常沒關，甚至門鎖根本已經壞了。除了容易遭小偷外，也代表整棟的住戶可能幾乎不往來，日後若有需要住戶一起解決的問題，就會變得很麻煩，因此建議找其他更適合的物件。

三、屋齡超過三十年的老房子，直接放棄：

　　銀行在貸款時，多會將屋齡視為放款的重要條件，如果是屋

齡超過 30 年的房子，除了會影響銀行貸款的成數外，在未來轉手時，同樣也會成為令買主遲疑的問題，成為對方殺價的籌碼，壓縮你的獲利空間。

▶三種可以直接放棄的中古屋：

一、路寬不到 4 米的老屋	除了進出不易之外，萬一發生火警，或家中有人需要急救時，會因為巷弄過窄，很容易錯過黃金救援時間而危及安全。
二、大門常開的公寓	除了容易遭小偷外，也代表住戶可能幾乎不往來，日後若遇到需要住戶一起解決的問題，就會變得很麻煩，
三、屋齡超過 30 年的老房子	除了會影響銀行貸款的成數外，在未來轉手時，同樣也會成為令買主遲疑的問題，成為對方殺價的籌碼，壓縮你的獲利空間。

此外，買中古屋交屋時，務必仔細驗屋，有任何疑慮最好當下立刻點交清楚，以免事後發生糾紛。建議在交屋前，最好可以要求仲介，或自己重新調閱建物登記謄本，仔細審視房屋的相關資料，例如：是否有增建、或其他貸款問題尚未解決，了解房屋的所有資料。

驗屋時，除了檢查有沒有漏水、長壁癌之外，水電管線問題也很重要。一般來說，只要是超過 10 年的房屋，水電管線大部分都會發生問題，普通的就是水管生鏽、卡汙垢，嚴重的則可能

造成水管漏水、糞管卡住，電路不足、跳電。

　　尤其是二樓的房子，更要特別注意排水問題。通常公寓排水管線會在二樓交會再往下到一樓，因此如果水管不通，很有可能在二樓回堵，造成二樓淹水問題。因此交屋時，務必仔細試試看水管排水功能。例如在臉盆、浴缸放水後排掉，或是試沖馬桶，測試排水功能；也可以把每個插頭孔都插上電器，測試看看能否通電，並且測試全部電器都插上後，是否會跳電。

　　也可以隨身攜帶小工具去驗屋，以便隨時測量和註記。如捲尺、相機、奇異筆、原子筆、有色膠帶和乒乓球等，都是必備的工具。消費者可以挑選同一房間中不同的五個點，用奇異筆敲地磚，聽聽看聲音是否一致，測試地磚或地板是否貼合，也可以把乒乓球放在地板上，看看在無外力的狀況下，是否會固定向某方向滾動，確認地面平整度。

　　若過程中發現有問題，一定要隨時照相，留下屋內狀況的照片作為證據，以免日後發生糾紛。

附錄四
看預售屋的九大要訣

開始看房子半年後，我不只看中古屋，連新成屋、預售屋都會看，也會去了解每種類性的房地產，有哪些不同的特性與風險。因此，只要在路上看到有新建案的廣告，或有工讀生在路上發傳單，我甚至會主動去拿，並安排時間參觀。

我非常喜歡預售屋的接待中心，尤其被那種高貴時尚的裝潢吸引，並且享受被捧為大少爺、少奶奶的感覺。最重要的是，我喜歡樣品屋那種如夢似幻的布置，這些都會成為我之後整理中古屋的靈感。

被代銷人員轟出預售中心的慘痛經驗

當然，像我這樣的小毛頭，一定會遇到「碰壁」的經驗。民國 102 年，有一次我興致勃勃地和朋友去看一個預售屋建案，那是在桃園市主要幹道中華路上，面積 70 坪總價約 2,500 萬元左右的房子。還沒踏進入口大門前，就已經有保全熱心地招呼我們，並問：「先生貴姓？是第一次來嗎？」態度非常親切。

但沒想到，當我懷著期待的心踏進銷售中心時，前來接待我們的代銷小姐，卻認定我們只是來看熱鬧，一定不會買，隨便跟我們介紹一下，一副愛理不理的樣子。

最誇張的是，她甚至直接對我們說：「我知道你們只是來看看，根本不會買，那邊有模型，要看自己去看，看完自己離開，出口在後面。」我當下忍住想罵髒話的衝動，那種羞辱感，我到現在都還印象深刻。不過，正因為有了那次令人不愉快的經驗，我就像被打了預防針一樣，看屋的總價也越看越高。

二十歲踏入上億的預售接待中心

有一次去台中找朋友玩，在路上看到一個在逢甲商圈附近，位於水湳經貿園區的預售建案，它的接待中心既氣派又宏偉，我心想都來到附近了，而且那天又很熱，正好走進接待中心吹冷氣消暑一下。

我一踏入接待中心，接待小姐就問我：「請問你是來找人？還是來應徵打工的？」因為有過之前不愉快的經驗，面對這種問題，我已經能語氣堅定地回答：「我是來看房的。」通常接待小姐表情都會愣了幾秒，才會邀請我進去坐下來談。

這個案子的產品是商業旅社，一層有 12 間套房配車位，專賣給有閒置資金的有錢人收租，並打著鄰近國際觀光勝地逢甲夜市，一年有幾百萬人次的觀光人潮，附近有大量的旅客居住需求，投報率保證 4.5％。建商強調只要拿錢出來投資，他們包租包管理，更採用飯店式管理經營模式。

當接待小姐說出這個建案的總價時，換我差點摔了一跤，這個建案售價 9,000 萬元，是個接近 1 億元的預售案，難怪剛走進來時，接待小姐會愣了一下，一個 20 歲的毛頭小子，幾乎不可

能拿出 1 億元來投資。還好我之前看屋的經驗夠多，還是以專業的口氣，詢問相關專業問題，如：「請問這類型的產品，投報率預估可以抓多少？空置期大約是多少？有沒有配合的資產管理公司……。」接待人員對我才沒有起太大的疑心，就這樣順利地為我們解說，並帶我看完樣品屋。

現在想起來，當時的自己真的勇敢到近乎白目，不過，正因**為我不被建案的金額等外在條件限制**，才能多看物件，快速累積自己的實力。

由於累積了許多看屋經驗，我歸納出看預售屋的九大要訣：

一、確定接待中心與建築基地位置是否相同。

二、觀察基地大門出口前的路寬、車道、開車是否順暢。

三、確認基地的面積是否方正。

四、觀察平面格局圖的樑柱位置。

五、了解建商品牌的商譽。

六、確認使用執照和建築執照的日期。

七、是否有違建或二次施工。

八、基地周遭是否有嫌惡設施。

九、預售案潛銷的開賣日期。

補充說明一點，若想入手預售屋，但錯過第一時間，還可以在餘屋市場找機會。在市場不景氣時，會有大量賣壓出現，多數投資客會將手上的物件委託仲介販售，趕在大量交屋前獲利了結。因此，在距離交屋前二個月，可以到案場附近的仲介店詢問出售的意願，或是直接去代銷中心談價錢。

▶看預售屋的九大要訣

1. 確定接待中心與建築基地位置是否相同	因為預售中心要選在人潮、車潮流量最多，人氣聚集的地方，很多接待中心和建築基地位置相差十萬八千里。因此，去之前可以先上網了解相關資訊，我曾經碰過，接待中心在 30 米的大馬路上，結果基地位置在路寬只有 6 米的小路邊，差距極大。
2. 觀察基地大門出口前的路寬、車道、開車是否順暢	通常建案門前的馬路越寬，銀行在價值認定上會越高，能貸到的金額也會更多。
3. 確認基地的面積是否方正	基地面積是否四面臨路、建案是否採光、通風良好、並且確定沒有釘子戶等……。有些建案的條件都不錯，但就是中庭卡了兩戶透天厝，每天看都覺得礙眼，這也會影響未來的銷售。
4. 觀察平面格局圖的樑柱位置	現在很多新蓋的建案中，有設計感的房子都把柱子包在屋外，在室內不會看到房屋的柱子。有些房子的格局很方正，但偏偏中間有一根特別大的柱子很礙眼，這就要靠裝潢的巧思來修飾了。
5. 了解建商品牌的商譽	現在的一案建商非常多，為了避免遇到不負責任的建商，買屋前盡量選擇有架設官網的建商看屋，最好多上網查一下，他們之前蓋的建案評價如何，若有時間，當然多去現場問社區住戶及管理員，資訊會更準確。

6. 確認使用執照和建築執照的日期	Ａ、建造執照：建築物之新建、增建、改建及修建，應請領建造執照。 Ｂ、使用執照：建築物建造完成後，使用或變更使用，應請領使用執照。 通常知道預計領照日期後，大約可抓整個工程期有多久。
7. 是否有違建和二次施工	現在還是有很多新房子，有二次施工的狀況，例如，很多建商會先在查驗前做個假陽台門，等到了審核通過後再把陽台門拆掉，外推增加室內面積等，類似的例子不勝枚舉。
8. 基地周遭是否有嫌惡設施	如：加油站、廟宇、高架橋、福地、基地台等，這將影響日後居住的品質及房價。
9. 預售案潛銷的開賣日期	通常可以在這塊基地剛圍起來時，去詢問當地的工地主任，例如這樣問：「你好，我想要買這裡的房子，你知道誰有連絡方式，可以聯絡到負責人嗎？」這時，不妨順便帶幾瓶飲料，慰勞一下大熱天辛苦工作的工作人員。拿到聯絡方式後，就可以去談團購或是早鳥價錢。

附錄五

看屋檢核表

購買成屋時，應實地勘查，以了解房屋的現況。本表提供民眾參考使用，看屋時可逐項詳細 查看，以避免遺漏，減少交易糾紛。

類別	項目	已確認	待確認	注意事項
一、座落位置及面積	1. 土地座落＿＿＿＿＿鄉鎮市區 ＿＿＿＿段＿＿＿＿＿小段 地號＿＿＿＿＿＿＿＿＿。	☐	☐	一、座落面積資料，宜查看土地登記簿謄本標示之內容，以免看屋與簽約時內容不符。 二、使用分區使用地類別資料，宜查看土地登記簿謄本標示部內容，若該欄空白者或為都市土地，其使用分區種類，請向都市計畫主管機關查詢，以免買到不合乎目的使用的房屋。 三、建號房屋門牌層數（次）面積，若是已辦理建物第一次登記者，查看建物登記簿謄本標示部內容，若未辦理建物第一次登記者，查看使用執照影本或稅籍資料，以免看屋與簽約時內容不符。 四、層數指透天房屋共多少層。層次指公寓大廈房屋之第幾層。 五、面積換算，1平方公尺＝0.3025坪，1坪＝3.3058平方公尺。
	2. 土地面積＿＿＿＿＿平方公尺 （＿＿＿＿＿坪）。	☐	☐	
	3. 土地使用分區為 ☐都市計畫內＿＿＿＿＿區 ☐非都市土地使用編定 ＿＿＿＿區＿＿＿＿用地。	☐	☐	
	4. 房屋 ☐是 ☐否 已辦理建物第一次登記，若是， 建號＿＿＿＿＿＿＿。	☐	☐	
	5. 房屋門牌： ＿＿＿＿＿鄉鎮市區 ＿＿＿＿＿路＿＿＿＿街 ＿＿＿＿＿段＿＿＿＿巷 ＿＿＿＿＿段＿＿＿＿巷 ＿＿＿＿＿樓。	☐	☐	
	6. 本棟大樓地上共＿＿＿＿層， 地下共＿＿＿＿層， 擬購買房屋層次＿＿＿＿層， 主建物＿＿＿＿＿平方公尺， 附屬建物＿＿＿＿＿平方公尺， 共用部分＿＿＿＿＿平方公尺， 總面積＿＿＿＿＿平方公尺。	☐	☐	

類別	項目	已確認	待確認	注意事項
	7.房屋層數共_____層， 一樓_____平方公尺 二樓_____平方公尺 _____樓_____平方公尺 其他_____平方公尺， 總面積_____平方公尺。	☐	☐	
二、權利資料	1.土地 □是 □否為共有， 若是，□是 □否有分管協議書。	☐	☐	一、土地是否為共有，宜查看土地登記簿謄本所有權部內容，權利範圍若為持分，即為共有土地，應注意是否有分管協議書，若有，應注意其內容，免得權益受損。
	2.土地權利範圍，所有權 □全部 □持分_____分之_____。 （其他權利_____）。	☐	☐	二、權利範圍土地及建物所有權人資料限制登記情形，宜查看土地及建物登記簿謄本所有權部內容。其他相關資料（如輻射屋等），宜查看標示部及所有權部參考資訊檔。
	3.房屋權利範圍，所有權 □全部 □持分_____分之_____。	☐	☐	三、限制登記，如預告登記查封假扣押、假處分及其他禁止處分之登記。若有限制登記，應注意是否能取得產權。
	4.土地與房屋所有權人 □是 □否 同一人。 若否，房屋 □是 □否有合法使用權。	☐	☐	四、出售人非所有權人，簽訂買賣契約時，應請出售人提示授權書，並應提防無法取得產權及使用權。
	5.出售人與所有權人 □是 □否 同一人。 若否，□是 □否有授權書。	☐	☐	五、他項權利，如抵押權、地上權、典權、地役權、永佃權。有無他項權利資料，宜查看土地及建物登記簿謄本他項權利部內容，如有他項權利，由賣方負責塗銷或買方繼續承受，簽約時應於契約條款敘明如何處理，以免增加負擔。
	6.□土地 □房屋 □有 □無限制登記。	☐	☐	
	7.□土地 □房屋 □有 □無設定他項權利。	☐	☐	

類別	項目	已確認	待確認	注意事項
三、房屋現況及環境	1. 房屋用途＿＿＿＿＿＿＿。 □主要結構＿＿＿＿＿＿。 □建築完成日期＿＿＿＿＿。	□	□	一、房屋用途主要建材建築完成日期層數（次）面積，若是已辦理建物第一次登記者，宜查看建物登記簿謄本標示部內容，若未辦理建物第一次登記者，宜查看使用執照影本或稅籍資料，以防看屋與簽約時內容不符。
	2. 房屋 □是 □否 有□改建 □增建 □加建 □違建。若有，完成日期＿＿＿＿。	□	□	二、房屋若有改建、增建、加建，應向屋主查明何時興建，是否合法，以免日後被拆除。
	3. 房屋 □是 □否有施作夾層，若有，□合法 □非法。	□	□	
	4. 房屋 □有 □無占用他人土地，土地 □有 □無被他人占用。	□	□	三、建築物如施作夾層，應於申請建造執照時，即提出申請，並須經審查許可。倘建築物「夾層」未經申請合格並計入容積率範圍，而購屋者於建商取得建物使用執照交屋後，始以二次施工方式加蓋夾層，有可能違反建築法規定，而遭受拆除之虞。
	5. □土地 □房屋 □有 □無出租他人。	□	□	
	6. 房屋所有權人與使用人 □是 □否同一人。 若否，□是 □否 □出租或 □被占用。	□	□	四、土地房屋有無占用他人土地或被他人占用，宜查看地籍圖謄本，若有占用他人或被他人占用，簽約時應於契約條款敘明如何排除，以免日後產生糾紛。
	7. □是 □否積欠 □水費 □電費 □瓦斯費 □管理費。	□	□	五、若房屋使用人非所有權人，應向所有權人或使用人查詢，是否為出租或占用，若是出租，應注意其租期及租金事宜。若是被占用，簽約時應於契約條款敘明如何排除，以免日後無法取得使用權。
	8. 房屋 □是 □否被建管單位列為危險建築。	□	□	
	9. 房屋 □是 □否有傾斜情形。	□	□	
	10. 梁柱 □是 □否出現 □傾斜 □裂縫現象。	□	□	六、是否積欠水費、電費、管理費，向自來水公司、電力公司、大樓的管理委員會查證，若有積欠，簽約時應於契約條款敘明由誰支付，以免日後產生糾紛。
	11. 房屋鋼筋 □有 □無裸露。	□	□	
	12. 使用公共設施（如游泳池、健身房……等） □是 □否需另外支付費用。	□	□	七、被建管單位列為危險建築，向鄰居或公所查詢，若有，應考量是否仍存有危險性。
	13. 房屋附近 □是 □否有鄰避設施。	□	□	八、房屋梁柱是否有傾斜，得聘請建築技師或結構技師等專

類別	項目	已確認	待確認	注意事項
	14. 居住環境 　　□良好 □尚可 □雜亂。	□	□	業人士測量，若有傾斜，應考量是否有危險性。 九、屋內若有裝潢，應注意裝潢的牆面或天花板是否有鋼筋裸露嚴重，若有，應檢測該屋是否為海砂屋或輻射屋，再予以考量是否購買。 十、鄰避設施，如行動電話基地台、垃圾場、色情場所等。
四、房屋基本設施	1. 用水 □自來水 □地下水。 　　若使用自來水，□是 □否正常。	□	□	一、自來水及排水系統是否正常，應於現場履勘時注意，若有不正常情形，簽約時應於契約條款敘明由誰改善，以免日後產生糾紛。 二、用水、電表、瓦斯、電梯應向房屋所有權人或使用人查證，若無自來水，應考量其地下水是否可以飲用。若無獨立電表，應向房屋所有權人或使用人查詢與哪一戶共用，以免日後產生糾紛。
	2. 排水系統 □是 □否正常。	□	□	
	3. 電表 □有 □無獨立電表。	□	□	
	4. 瓦斯 □天然 □桶裝瓦斯。	□	□	
	5. 電梯使用 □是 □否正常。	□	□	
	6. 大樓管理委員會 □是 □否成立， 　　若有，管理費收取方式每坪 　　＿＿＿＿＿元，按 □月 □季 □年繳 　　新台幣＿＿＿＿＿＿＿元。	□	□	
	7. 消防系統功能 □是 □否正常， 　　消防通道 □是 □否順暢。	□	□	
	8. 逃生系統功能 □是 □否正常， 　　逃生路線 □是 □否順暢。	□	□	
	9. □有 □無自動火警灑水設備。	□	□	
	10. 照明系統 □是 □否正常。	□	□	
	11. □有 □無斷電備用設備。	□	□	
	12. □有 □無無障礙設施。	□	□	
	13. □水 □電管線 □是 □否更新。	□	□	

類別	項目	已確認	待確認	注意事項
五、房屋內部陳設	1. □是 □否附贈 □家具 □家電 □裝潢。	□	□	一、承諾贈送之家具家電及裝潢等，應考量是否尚堪使用，若不堪使用，簽約時應於契約條款敘明由誰改善。若尚可使用，簽約時應於契約條款詳實記載贈送之項目，以免日後產生糾紛。 二、有無滲漏水、天花板是否有破裂、水龍頭出水是否乾淨，應於現場履勘時注意，若有上述情形，簽約時應於契約條款敘明由誰修繕，以免日後產生糾紛。
	2. 房屋 □有 □無滲漏水， 若有，滲漏水痕跡＿＿＿＿處。	□	□	
	3. 天花板 □有 □無裂縫現象。	□	□	
	4. □地板 □磁磚 □壁磚 □有 □無破裂變形現象。	□	□	
	5. 水龍頭出水 □是 □否乾淨。	□	□	
	6. □有 □無網路線。	□	□	
	7. 排水 □是 □否暢通。	□	□	
六、停車位	1. 停車位種類 □法定停車位 □自行增設停車位 □獎勵停車位 □平面式 □機械式 □＿＿＿＿。	□	□	一、停車位種類資料，宜查看建物竣工平面圖。 二、產權資料，宜查看建物登記簿謄本標示部內容，若有獨立權狀，該車位可以單獨移轉。若無獨立權狀，該車位應隨主建物移轉而移轉，不得單獨移轉。 三、有關停車位相關資料，宜向使用人或大樓管理委員會查詢。
	2. 停車位產權 □是 □否清楚， □有 □無獨立權狀，若有， 編號＿＿＿＿， 面積＿＿＿＿平方公尺， 權利範圍＿＿＿＿分之＿＿＿＿。	□	□	
	3. 停車位 □是 □否住戶共有。	□	□	
	4. 停車位 □是 □否有分管協議， 若無，□是 □否口頭約定。 若有，分管編號＿＿＿＿。	□	□	
	5. 停車位 □是 □否必須另行購買。	□	□	
	6. 停車位 □是 □否僅有使用權。	□	□	
	7. 可停放長＿＿＿＿公尺、 寬＿＿＿＿公尺、高＿＿＿＿公尺 車輛。	□	□	

類別	項目	已確認	待確認	注意事項
	8. 上下車 □是 □否方便。	□	□	
	9. 機械式停車位操作 　　□是 □否正常。	□	□	
	10. 停車道進退迴轉 　　□是 □否方便。	□	□	
	11. 停車場鐵門操作 　　□是 □否正常。	□	□	
	12. 使用時是 □固定位置使用 　　□需承租 □需排隊等侯 　　□需定期抽籤 　　□每日先到先停。	□	□	
	13. □是 □否支付車位管理費， 　　若是，按 □月 □季 　　□年繳新台幣_____元。	□	□	
七、其他	1. 房屋 □是 □否曾經發生 　　□火災及 □其他_____天然 　　災害，若是，□有 □無造成房屋 　　損害及 □有 □無修繕情形。	□	□	一、是否曾經發生火災及其他天然災害，得向鄰居或當地警察局或公所查詢。 二、是否曾發生凶殺或自殺之情事，得向鄰居或當地警察局查詢。若有，應考量是否計較其事，於支付定金前就必須慎重考慮，以免日後反悔。
	2. □有 □無住戶規約，若有，規約 　　內容 □是 □否符合居住習慣。	□	□	
	3. 賣方於所有權持有期間 　　□是 □否曾發生凶殺或自殺之情 　　事。	□	□	

資料來源：內政部。

備　　註：

1. 成屋交易資金龐大，看房屋時要冷靜，應注意房屋是否有瑕疵，若有，則考量如何改善。購買時家人的意願、附近的交通治安、有無公害等，及購買後之使用目的、日後貸款如何支付等都應慎重考慮。決定購買時最好有一段緩衝時間，多看幾次且不同時段去看，並做多方面比較，免得貿然付出定金後才發現房屋缺失，或不合乎自己或家人使用，而蒙受損失。

2. 與賣方或不動產服務業者交易，不要輕易有口頭保證約定或答應等情事，凡事均應要求記載於書面文件內，並經雙方簽章確定，免得日後空口無憑、產生糾紛。

3. 若是透過不動產經紀業購買房屋，應請業者提供不動產說明書，以供核對。

4. 內政部訂有「成屋買賣契約書範本」供社會大眾參考，簽約前，可先查看其內容與契約條款之相異度，並請業者或賣方說明。

（節錄自：大是文化《買房賺千萬，比買股更簡單》。）

Biz 162

我 25 歲，有 30 間房收租
羅右宸用零頭款買房，靠租金年收百萬

作　　者／羅右宸
文字協助／陳俊祥
美術編輯／林彥君
副總編輯／顏惠君
總　編　輯／吳依瑋
發　行　人／徐仲秋
會　　計／許鳳雪
版權經理／郝麗珍
行銷企劃／徐千晴
業務助理／李秀蕙
業務專員／馬絮盈、留婉茹
業務經理／林裕安
總　經　理／陳絜吾

國家圖書館出版品預行編目(CIP)資料

我 25 歲，有 30 間房收租：羅右宸用零頭款買房，靠租
金年收百萬 / 羅右宸著. -- 臺北市：大是文化, 2015.06
208 面17×23公分. --（Biz；162）
ISBN 978-986-5770-86-0（平裝）

1.房地產業　2.投資

554.89　　　　　　　　　　　　　　　　104005880

出　版　者／大是文化有限公司
　　　　　　台北市衡陽路 7 號 8 樓
　　　　　　編輯部電話：（02）2375-7911
　　　　　　購書相關資訊請洽：（02）2375-7911 分機122
　　　　　　24小時讀者服務傳真：（02）2375-6999
　　　　　　讀者服務E-mail：haom@ms28.hinet.net
　　　　　　郵政劃撥帳號 19983366　戶名／大是文化有限公司

法律顧問／永然聯合法律事務所
香港發行／豐達出版發行有限公司 Rich Publishing & Distribution Ltd
　　　　　　香港柴灣永泰道70號柴灣工業城第2期1805室
　　　　　　Unit 1805, Ph.2, Chai Wan Ind City, 70 Wing Tai Rd, Chai Wan, Hong Kong
　　　　　　Tel：2172-6513　Fax：2172-4355
　　　　　　E-mail：cary@subseasy.com.hk

封面設計／孫永芳
封面攝影／吳毅平
內頁排版／顏麟驊
印　　刷／鴻霖印刷傳媒股份有限公司

出版日期／2015 年 6 月 3 日初版
出版日期／2019 年 11 月 28 日初版 12 刷
定　　價／新台幣 320 元
ISBN　978-986-5770-86-0